中国旅游统计年鉴

（副本）

THE YEARBOOK OF CHINA TOURISM STATISTICS（SUPPLEMENT）

2017

中 华 人 民 共 和 国 国 家 旅 游 局
NATIONAL TOURISM ADMINISTRATION OF
THE PEOPLE'S REPUBLIC OF CHINA

中国旅游出版社

编 者 说 明

《中国旅游统计年鉴（副本）2017》是反映 2016年我国旅游业供给要素诸方面情况的资料性年刊。主要内容有，上篇：全国旅游企业综合资料，包括各省、自治区、直辖市和主要城市旅游企业的主要经济指标；下篇：全国星级饭店综合资料。

作为《中国旅游统计年鉴》的重要补充，本书是了解、研究我国旅游生产力的规模、布局、结构以及旅游企业经济效益等方面情况的重要参考资料，翔实的旅游饭店的统计资料，对于研究旅游饭店业在我国旅游业跨世纪发展中的地位、作用及自身发展轨迹更具有重要的参考价值。本书可供旅游部门、国民经济各有关部门、教学科研单位以及经济工作者和大专院校师生使用。

本书资料来源于全国各省、自治区、直辖市旅游局每年进行的定期报表统计，统计口径与国家旅游局和国家统计局联合制定的《旅游统计调查制度》规定的口径一致。

全国统计数据均未包括我国香港特别行政区、澳门特别行政区和台湾省的数字。

本书中有“#”号者表示为该栏的主要项或其中项；有“—”号者表示该项数据不详或无可比性。

中国旅游统计年鉴编委会

二〇一七年十一月

目 录

上篇　全国旅游企业综合资料

一、全国旅游企业综合资料

二、分地区旅游企业资料

三、主要城市综合资料

四、分城市旅游企业资料

下篇　全国星级饭店综合资料

十、全国一星级饭店综合资料

上篇

全国旅游企业综合资料

一、全国旅游企业综合资料

1-1 全国旅游企业

	固定资产原价（万元）	营业收入（万元）	利润（万元）	营业税金及附加（万元）
合计	**82 841 694.88**	**73 828 721.01**	**990 235.31**	**907 994.20**
（一）旅行社	13 796 879.98	46 431 394.68	247 802.11	104 393.26
（二）星级饭店	51 745 355.75	20 272 601.02	47 119.45	668 668.67
内资饭店	45 071 280.47	17 810 988.24	-122 109.42	605 740.55
外资饭店	6 674 075.28	2 461 612.78	169 228.87	62 928.13
（三）旅游景区	17 299 459.15	7 124 725.31	695 313.75	134 932.27

注：旅游景区数据为抽样结果，含A级景区和非A级景区

Note: Data Of Tourist Attractions Is A Sampling Result, Including A-Grade Scenic Spots And Non-A-Grade Ones

主要经济指标（按行业分）

利润率 （%）	全员劳动生产率 （万元／人）	人均实现利润 （万元／人）	人均固定资产原价 （万元／人）	从业人员 （人）	企业数 （家）
1.34	**40.30**	**0.54**	**45.22**	**1 832 075**	**39 671**
0.53	134.11	0.72	39.85	346 219	27 939
0.23	16.94	0.04	43.24	1 196 564	9 861
–0.69	16.28	–0.11	41.19	1 094 190	9 482
6.87	24.05	1.65	65.19	102 374	379
9.76	29.80	2.91	72.36	289 292	1 871

1-2 全国旅行社

	固定资产原价（万元）	营业收入（万元）	利润（万元）	营业税金及附加（万元）
全国	**13 796 879.98**	**46 431 394.68**	**247 802.11**	**104 393.26**
北京	2 013 468.80	6 120 875.10	68 756.00	10 994.40
天津	283 555.04	503 443.80	-6 363.54	985.78
河北	230 768.14	424 483.61	3 232.21	1 133.22
山西	325 462.84	847 375.67	5 146.72	1 631.56
内蒙古	69 309.30	210 534.69	1 039.13	591.03
辽宁	203 049.49	1 249 673.15	12 685.76	3 980.86
吉林	98 299.61	223 252.51	1 648.35	556.05
黑龙江	107 171.54	321 538.79	1 368.44	779.81
上海	2 197 703.66	8 272 751.47	-7 891.53	21 463.31
江苏	844 110.51	5 981 999.71	13 405.88	6 195.71
浙江	181 102.91	543 978.83	7 122.88	1 490.45
安徽	160 853.69	851 509.40	4 375.04	1 709.13
福建	422 210.96	2 601 279.40	17 905.39	5 207.54
江西	107 723.12	388 541.55	4 414.72	730.21
山东	311 649.58	1 697 278.45	34 599.70	5 817.33
河南	132 777.17	384 003.90	4 331.92	861.92
湖北	223 639.60	1 208 618.25	6 084.30	7 681.57
湖南	187 817.96	1 469 235.27	4 317.97	2 944.42
广东	1 718 992.74	7 205 954.54	49 848.33	15 283.06
广西	144 967.33	643 776.26	5 513.88	741.15
海南	595 208.97	499 477.63	598.69	1 636.35
重庆	171 617.35	1 310 276.42	3 626.65	1 519.50
四川	1 500 301.40	843 038.66	24 254.39	3 034.92
贵州	169 382.94	269 300.04	-7 531.44	642.28
云南	559 116.60	939 647.75	943.48	3 062.51
西藏	116 255.21	100 724.29	983.89	335.11
陕西	187 064.39	714 162.25	-485.96	1 017.92
甘肃	236 790.41	146 424.67	-5 309.82	1 438.96
青海	194 818.22	95 069.58	-61.57	134.50
宁夏	19 341.23	94 170.84	-883.81	125.41
新疆	82 349.30	268 998.22	126.06	667.32

主要经济指标（按地区分）

利润率 （%）	全员劳动生产率 （万元／人）	人均实现利润 （万元／人）	人均固定资产原价 （万元／人）	从业人员 （人）	企业数 （家）
0.53	**134.11**	**0.72**	**39.85**	**346 219**	**27 939**
1.12	200.55	2.25	65.97	30 521	1 344
−1.26	109.61	−1.39	61.74	4 593	396
0.76	49.50	0.38	26.91	8 575	1 373
0.61	105.13	0.64	40.38	8 060	778
0.49	30.77	0.15	10.13	6 843	956
1.02	132.32	1.34	21.50	9 444	1 258
0.74	47.62	0.35	20.97	4 688	634
0.43	62.42	0.27	20.81	5 151	693
−0.10	261.04	−0.25	69.35	31 691	1 261
0.22	171.85	0.39	24.25	34 809	2 241
1.31	68.95	0.90	22.96	7 889	2 051
0.51	87.06	0.45	16.45	9 781	1 070
0.69	142.08	0.98	23.06	18 308	844
1.14	62.71	0.71	17.39	6 196	744
2.04	80.63	1.64	14.81	21 049	2 115
1.13	59.23	0.67	20.48	6 483	1 009
0.50	72.64	0.37	13.44	16 638	1 057
0.29	112.76	0.33	14.41	13 030	838
0.69	175.73	1.22	41.92	41 006	2 028
0.86	81.51	0.70	18.35	7 898	586
0.12	110.38	0.13	131.54	4 525	304
0.28	193.86	0.54	25.39	6 759	546
2.88	130.58	3.76	232.39	6 456	485
−2.80	98.18	−2.75	61.75	2 743	348
0.10	111.02	0.11	66.06	8 464	855
0.98	42.32	0.41	48.85	2 380	205
−0.07	74.38	−0.05	19.48	9 601	696
−3.63	32.41	−1.18	52.41	4 518	463
−0.06	45.91	−0.03	94.07	2 071	231
−0.94	58.20	−0.55	11.95	1 618	115
0.05	60.71	0.03	18.58	4 431	415

1-3　全国星级饭店

	固定资产原价（万元）	营业收入（万元）	利润（万元）	营业税金及附加（万元）
全国	**51 745 355.75**	**20 272 601.02**	**47 119.45**	**668 668.67**
北京	6 604 386.10	2 535 986.70	274 626.20	69 941.40
天津	499 707.36	247 646.17	-15 390.54	5 493.82
河北	1 573 815.06	495 356.56	-63 281.60	11 828.62
山西	858 063.00	220 253.78	-45 112.01	5 410.05
内蒙古	948 055.62	225 146.15	-33 903.74	6 761.41
辽宁	1 768 683.76	456 072.87	-82 466.91	12 638.90
吉林	569 956.44	153 795.10	-18 869.35	8 023.14
黑龙江	597 419.95	184 926.91	-1 683.85	5 240.00
上海	3 309 937.24	2 000 097.89	294 940.64	49 206.68
江苏	3 426 898.61	1 580 282.83	-16 987.66	40 970.20
浙江	4 327 925.69	1 948 064.49	-27 530.35	50 828.52
安徽	1 343 065.55	494 689.70	-3 169.17	14 607.76
福建	1 460 403.19	862 888.22	18 706.10	27 175.83
江西	799 629.79	340 908.19	5 905.56	49 405.27
山东	3 062 118.48	1 105 877.99	-53 879.63	25 030.63
河南	1 341 687.85	561 872.85	-91 030.09	17 621.69
湖北	1 228 134.62	472 755.13	-168 254.59	12 836.26
湖南	1 590 280.80	630 550.67	-6 611.69	58 141.57
广东	5 653 501.77	2 112 000.12	125 965.84	65 034.60
广西	979 706.17	395 180.01	30 579.33	13 195.85
海南	1 130 030.66	439 296.51	41 581.18	14 240.60
重庆	948 841.91	411 902.27	-6 619.38	11 131.08
四川	1 577 537.45	557 416.00	-30 039.50	15 499.28
贵州	618 068.94	256 522.63	9 760.70	6 529.28
云南	1 623 579.21	371 588.37	1 617.41	22 379.08
西藏	341 528.64	55 773.50	-136.63	3 111.86
陕西	1 284 688.03	419 017.19	-20 066.06	10 090.45
甘肃	714 975.67	233 714.25	6642.84	23 124.30
青海	174 704.16	66 884.66	-486.31	1 319.79
宁夏	243 622.75	76 248.38	-60 168.66	2 467.95
新疆	1 144 401.30	359 884.91	-17 518.63	9 382.81

主要经济指标（按地区分）

利润率 （%）	全员劳动生产率 （万元／人）	人均实现利润 （万元／人）	人均固定资产原价 （万元／人）	从业人员 （人）	企业数 （家）
0.23	**16.94**	**0.04**	**43.24**	**1 196 564**	**9 861**
10.83	29.83	3.23	77.69	85 010	416
-6.21	18.09	-1.12	36.50	13 689	84
-12.77	11.69	-1.49	37.15	42 361	350
-20.48	8.99	-1.84	35.03	24 498	194
-15.06	13.03	-1.96	54.85	17 283	175
-18.08	13.43	-2.43	52.08	33 964	349
-12.27	11.08	-1.36	41.06	13 881	169
-0.91	14.23	-0.13	45.97	12 996	198
14.75	37.73	5.56	62.44	53 009	227
-1.07	19.76	-0.21	42.85	79 965	561
-1.41	20.48	-0.29	45.50	95 109	651
-0.64	14.35	-0.09	38.97	34 464	312
2.17	16.12	0.35	27.28	53 536	334
1.73	12.95	0.22	30.37	26 332	290
-4.87	13.93	-0.68	38.58	79 378	622
-16.20	12.31	-1.99	29.38	45 662	411
-35.59	13.68	-4.87	35.53	34 569	364
-1.05	13.65	-0.14	34.44	46 179	419
5.96	17.19	1.03	46.01	122 867	723
7.74	12.12	0.94	30.06	32 596	410
9.47	20.96	1.98	53.93	20 954	124
-1.61	14.45	-0.23	33.29	28 506	197
-5.39	14.73	-0.79	41.68	37 849	298
3.81	13.75	0.52	33.13	18 654	266
0.44	8.57	0.04	37.43	43 377	559
-0.24	14.42	-0.04	88.27	3 869	68
-4.79	12.14	-0.58	37.23	34 504	275
2.84	10.56	0.30	32.32	22 125	299
-0.73	11.54	-0.08	30.13	5 798	76
-78.91	10.92	-8.62	34.89	6 982	90
-4.87	13.53	-0.66	43.03	26 598	350

1-4 全国内资星级饭店

	固定资产原价（万元）	营业收入（万元）	利润（万元）	营业税金及附加（万元）
全国	**45 071 280.47**	**17 810 988.24**	**-122 109.42**	**605 740.55**
北京	6 232 145.10	2 434 511.10	269 523.10	67 339.30
天津	481 036.86	226 690.11	-15 869.31	5 207.56
河北	1 439 134.89	471 740.70	-56 373.65	11 020.98
山西	851 344.40	216 979.88	-44 045.21	5 345.05
内蒙古	775 137.52	199 079.75	-25 764.14	6 350.31
辽宁	1 243 032.51	352 720.91	-69 723.21	8 848.17
吉林	483 688.64	136 147.90	-18 166.55	7 777.24
黑龙江	545 991.91	166 165.44	-5 352.73	4 918.68
上海	2 607 110.87	1 383 748.78	149 844.27	31 300.32
江苏	2 931 292.88	1 414 706.20	-7 698.05	37 630.88
浙江	3 616 346.90	1 698 637.75	-38 332.71	44 169.77
安徽	1 259 279.58	472 880.44	-3 963.78	14 194.72
福建	1 065 018.63	671 041.27	14 152.63	21 783.46
江西	721 545.94	321 938.35	6 373.47	48 911.00
山东	2 736 966.39	1 024 641.15	-49 156.43	23 709.37
河南	1 231 216.45	527 440.25	-74 756.79	16 739.99
湖北	1 048 673.77	412 857.75	-164 506.71	11 265.98
湖南	1 529 931.87	609 362.47	-4 987.63	57 505.83
广东	4 718 320.99	1 778 251.43	96 631.62	57 505.02
广西	813 638.74	359 967.03	35 554.41	12 569.46
海南	852 978.70	305 643.12	2 217.12	11 517.16
重庆	778 964.41	362 273.87	-18 532.88	10 067.58
四川	1 308 483.21	520 356.12	-15 280.59	14 490.84
贵州	579 768.94	249 391.33	10 568.30	6 248.48
云南	1 518 991.56	354 302.52	1 634.61	21 254.72
西藏	341 528.64	49 061.20	-1 448.44	3 038.40
陕西	1 125 642.90	366 852.39	-23 615.25	8 983.04
甘肃	674 434.16	225 545.30	7 167.53	22 996.69
青海	174 704.16	66 884.66	-486.31	1 319.79
宁夏	240 648.16	75 822.15	-59 995.27	2 430.85
新疆	1 144 280.80	355 346.91	-17 720.83	9 299.91

主要经济指标（按地区分）

利润率 （%）	全员劳动生产率 （万元／人）	人均实现利润 （万元／人）	人均固定资产原价 （万元／人）	从业人员 （人）	企业数 （家）
-0.69	**16.28**	**-0.11**	**41.19**	**1 094 190**	**9 482**
11.07	29.34	3.25	75.11	82 976	413
-7.00	18.20	-1.27	38.61	12 458	79
-11.95	11.56	-1.38	35.26	40 815	343
-20.30	8.96	-1.82	35.15	24 218	193
-12.94	12.24	-1.58	47.66	16 264	172
-19.77	12.52	-2.47	44.12	28 174	317
-13.34	10.37	-1.38	36.85	13 125	167
-3.22	13.27	-0.43	43.59	12 525	196
10.83	33.94	3.68	63.95	40 767	195
-0.54	19.58	-0.11	40.58	72 240	533
-2.26	20.55	-0.46	43.75	82 653	620
-0.84	14.30	-0.12	38.09	33 061	305
2.11	15.60	0.33	24.76	43 009	294
1.98	12.78	0.25	28.64	25 195	281
-4.80	13.49	-0.65	36.04	75 945	605
-14.17	12.14	-1.72	28.35	43 429	403
-39.85	12.96	-5.16	32.91	31 863	350
-0.82	13.69	-0.11	34.38	44 496	411
5.43	16.77	0.91	44.50	106 030	659
9.88	11.80	1.17	26.67	30 511	403
0.73	18.35	0.13	51.22	16 654	109
-5.12	13.80	-0.71	29.67	26 251	191
-2.94	14.69	-0.43	36.94	35 419	289
4.24	13.78	0.58	32.04	18 093	262
0.46	8.43	0.04	36.16	42 007	549
-2.95	13.55	-0.40	94.29	3 622	66
-6.44	11.51	-0.74	35.32	31 872	266
3.18	10.46	0.33	31.27	21 567	297
-0.73	11.54	-0.08	30.13	5 798	76
-79.13	11.05	-8.74	35.07	6 862	89
-4.99	13.52	-0.67	43.52	26 291	349

1-5 外资星级

	固定资产原价（万元）	营业收入（万元）	利润（万元）	营业税金及附加（万元）
全国	**6 674 075.28**	**2 461 612.78**	**169 228.87**	**62 928.13**
北京	372 241.00	101 475.60	5 103.10	2 602.10
天津	18 670.50	20 956.06	478.77	286.27
河北	134 680.17	23 615.86	-6 907.96	807.63
山西	6 718.60	3 273.90	-1 066.80	65.00
内蒙古	172 918.10	26 066.40	-8 139.60	411.10
辽宁	525 651.25	103 351.96	-12 743.70	3 790.73
吉林	86 267.80	17 647.20	-702.80	245.90
黑龙江	51 428.04	18 761.48	3 668.88	321.32
上海	702 826.37	616 349.11	145 096.38	17 906.36
江苏	495 605.73	165 576.63	-9 289.61	3 339.32
浙江	711 578.79	249 426.74	10 802.36	6 658.75
安徽	83 785.97	21 809.26	794.62	413.04
福建	395 384.56	191 846.95	4 553.47	5 392.37
江西	78 083.85	18 969.85	-467.91	494.27
山东	325 152.10	81 236.84	-4 723.21	1 321.26
河南	110 471.40	34 432.60	-16 273.30	881.70
湖北	179 460.85	59 897.38	-3 747.88	1 570.28
湖南	60 348.93	21 188.20	-1 624.06	635.74
广东	935 180.78	333 748.69	29 334.22	7 529.58
广西	166 067.43	35 212.98	-4 975.09	626.39
海南	277 051.96	133 653.40	39 364.07	2 723.45
重庆	169 877.50	49 628.40	11 913.50	1 063.50
四川	269 054.24	37 059.88	-14 758.90	1 008.44
贵州	38 300.00	7 131.30	-807.60	280.80
云南	104 587.65	17 285.85	-17.20	1 124.36
西藏	0.00	6 712.30	1 311.80	73.46
陕西	159 045.13	52 164.80	3 549.19	1 107.41
甘肃	40 541.50	8 168.95	-524.68	127.60
青海	—	—	—	—
宁夏	2 974.59	426.23	-173.39	37.10
新疆	120.50	4 538.00	202.20	82.90

饭店主要经济指标（按地区分）

利润率 （%）	全员劳动生产率 （万元／人）	人均实现利润 （万元／人）	人均固定资产原价 （万元／人）	从业人员 （人）	企业数 （家）
6.87	**24.05**	**1.65**	**65.19**	**102 374**	**379**
5.03	49.89	2.51	183.01	2 034	3
2.28	17.02	0.39	15.17	1 231	5
−29.25	15.28	−4.47	87.12	1 546	7
−32.58	11.69	−3.81	24.00	280	1
−31.23	25.58	−7.99	169.69	1 019	3
−12.33	17.85	−2.20	90.79	5 790	32
−3.98	23.34	−0.93	114.11	756	2
19.56	39.83	7.79	109.19	471	2
23.54	50.35	11.85	57.41	12 242	32
−5.61	21.43	−1.20	64.16	7 725	28
4.33	20.02	0.87	57.13	12 456	31
3.64	15.54	0.57	59.72	1 403	7
2.37	18.22	0.43	37.56	10 527	40
−2.47	16.68	−0.41	68.68	1 137	9
−5.81	23.66	−1.38	94.71	3 433	17
−47.26	15.42	−7.29	49.47	2 233	8
−6.26	22.14	−1.39	66.32	2 706	14
−7.66	12.59	−0.96	35.86	1 683	8
8.79	19.82	1.74	55.54	16 837	64
−14.13	16.89	−2.39	79.65	2 085	7
29.45	31.08	9.15	64.43	4 300	15
24.01	22.01	5.28	75.33	2 255	6
−39.82	15.25	−6.07	110.72	2 430	9
−11.32	12.71	−1.44	68.27	561	4
−0.10	12.62	−0.01	76.34	1 370	10
19.54	27.18	5.31	0.00	247	2
6.80	19.82	1.35	60.43	2 632	9
−6.42	14.64	−0.94	72.66	558	2
—	—	—	—	—	0
−40.68	3.55	−1.44	24.79	120	1
4.46	14.78	0.66	0.39	307	1

1–6 全国旅游景区旅游企业

	固定资产原价（万元）	营业收入（万元）	利润（万元）	营业税金及附加（万元）
全国	**17 299 459.15**	**7 124 725.31**	**695 313.75**	**134 932.27**
北京	687 582.35	189 186.66	14 272.88	3 129.71
天津	155 893.66	25 269.69	−6 355.52	420.31
河北	429 904.99	202 634.15	12 050.48	1 930.01
山西	397 523.45	87 415.45	−11 952.06	631.98
内蒙古	137 367.47	43 812.69	−13 299.29	872.48
辽宁	248 630.12	131 602.04	43 225.99	1 183.72
吉林	150 600.27	39 448.27	1 343.96	502.41
黑龙江	76 668.47	112 081.16	5 313.12	297.20
上海	976 604.84	452 173.64	112 104.48	6 186.55
江苏	1 511 765.73	404 972.54	19 777.24	8 691.19
浙江	1 352 036.42	626 518.75	−6 211.32	8 175.76
安徽	412 074.12	95 092.05	−9 467.81	2 238.11
福建	347 868.74	213 411.16	11 576.49	9 291.84
江西	158 034.25	122 070.21	7 531.52	2 795.53
山东	1 100 694.37	698 473.58	99 547.14	12 327.66
河南	1 069 218.13	361 089.30	29 521.14	8 461.25
湖北	947 242.63	332 937.21	43 447.11	4 493.70
湖南	531 409.71	285 240.96	85 091.24	4 267.23
广东	2 738 622.80	1 035 346.48	103 095.46	27 431.95
广西	110 178.24	41 282.22	3 907.70	1 221.63
海南	416 312.87	258 738.60	90 441.08	7 216.08
重庆	509 976.80	151 403.91	−2 188.32	1 923.15
四川	995 918.86	552 552.15	46 147.12	6 576.40
贵州	177 820.92	47 751.86	−10 624.51	813.20
云南	505 563.46	133 254.39	−4 330.26	2 777.42
西藏	—	—	—	—
陕西	451 128.45	212 081.02	−7 896.96	4 838.70
甘肃	171 723.18	86 147.36	23 990.34	1 160.52
青海	33 077.07	2 815.42	−882.05	66.35
宁夏	258 723.19	72 343.54	8 402.39	931.62
新疆	239 293.59	107 578.85	7 734.97	4 078.61

主要经济指标（按地区分）

利润率 （%）	全员劳动生产率 （万元／人）	人均实现利润 （万元／人）	人均固定资产原价 （万元／人）	从业人员 （人）	企业数 （家）
9.76	**29.80**	**2.91**	**72.36**	**289 292**	**1871**
7.54	31.91	2.41	115.99	7 150	41
–25.15	23.08	–5.80	142.37	1 689	10
5.95	40.43	2.40	85.78	7 175	48
–13.67	20.95	–2.86	95.28	6 631	50
–30.35	15.22	–4.62	47.71	3 455	48
32.85	23.80	7.82	44.97	5 749	32
3.41	16.72	0.57	63.81	2 682	37
4.74	95.80	4.54	65.53	1 304	14
24.79	60.78	15.07	131.26	16 157	65
4.88	31.61	1.54	118.01	15 287	112
–0.99	34.31	–0.34	74.05	20 110	155
–9.96	22.25	–2.22	96.44	5 870	64
5.42	16.66	0.90	27.16	13 927	86
6.17	23.89	1.47	30.93	5 110	53
14.25	44.80	6.38	70.60	18 714	137
8.18	22.61	1.85	66.96	17 418	114
13.05	23.27	3.04	66.21	15 930	132
29.83	36.05	10.75	67.16	9 057	66
9.96	28.05	2.79	74.19	43 383	128
9.47	14.75	1.40	39.36	3 345	23
34.95	32.59	11.39	52.44	9 440	19
–1.45	19.89	–0.29	67.00	8 950	57
8.35	64.73	5.41	116.67	10 345	83
–22.25	13.12	–2.92	48.84	7 254	36
–3.25	18.32	–0.60	69.51	7 665	55
—	—	—	—	130	—
–3.72	19.33	–0.72	41.11	13 422	96
27.85	20.49	5.71	40.84	4 511	35
–31.33	9.05	–2.84	106.36	495	8
11.61	20.44	2.37	73.09	3 623	23
7.19	39.80	2.86	88.53	3 314	44

二、分地区旅游企业资料

2-1 北京市旅游

	固定资产原价（万元）	营业收入（万元）	利润（万元）	营业税金及附加（万元）
合计	**9 305 437.25**	**8 846 048.46**	**357 655.08**	**84 065.51**
（一）旅行社	2 013 468.80	6 120 875.10	68 756.00	10 994.40
（二）星级饭店	6 604 386.10	2 535 986.70	274 626.20	69 941.40
内资饭店	6 232 145.10	2 434 511.10	269 523.10	67 339.30
外资饭店	372 241.00	101 475.60	5 103.10	2 602.10
（三）旅游景区	687 582.35	189 186.66	14 272.88	3 129.71

2-2 天津市旅游

	固定资产原价（万元）	营业收入（万元）	利润（万元）	营业税金及附加（万元）
合计	**939 156.05**	**776 359.67**	**–28 109.60**	**6 899.92**
（一）旅行社	283 555.04	503 443.80	–6 363.54	985.78
（二）星级饭店	499 707.36	247 646.17	–15 390.54	5 493.82
内资饭店	481 036.86	226 690.11	–15 869.31	5 207.56
外资饭店	18 670.50	20 956.06	478.77	286.27
（三）旅游景区	155 893.66	25 269.69	–6 355.52	420.31

企业主要经济指标

利润率（%）	全员劳动生产率（万元／人）	人均实现利润（万元／人）	人均固定资产原价（万元／人）	从业人员（人）	企业数（家）
4.04	**72.11**	**2.92**	**75.85**	**122 681**	**1 801**
1.12	200.55	2.25	65.97	30 521	1 344
10.83	29.83	3.23	77.69	85 010	416
11.07	29.34	3.25	75.11	82 976	413
5.03	49.89	2.51	183.01	2 034	3
7.54	31.91	2.41	115.99	7 150	41

企业主要经济指标

利润率（%）	全员劳动生产率（万元／人）	人均实现利润（万元／人）	人均固定资产原价（万元／人）	从业人员（人）	企业数（家）
–3.62	**38.87**	**–1.41**	**47.03**	**19 971**	**490**
–1.26	109.61	–1.39	61.74	4 593	396
–6.21	18.09	–1.12	36.50	13 689	84
–7.00	18.20	–1.27	38.61	12 458	79
2.28	17.02	0.39	15.17	1 231	5
–25.15	23.08	–5.80	142.37	1 689	10

2-3 河北省旅游

	固定资产原价（万元）	营业收入（万元）	利润（万元）	营业税金及附加（万元）
合计	**2 234 488.19**	**1 122 474.32**	**–47 998.91**	**14 891.84**
（一）旅行社	230 768.14	424 483.61	3 232.21	1 133.22
（二）星级饭店	1 573 815.06	495 356.56	–63 281.60	11 828.62
内资饭店	1 439 134.89	471 740.70	–56 373.65	11 020.98
外资饭店	134 680.17	23 615.86	–6 907.96	807.63
（三）旅游景区	429 904.99	202 634.15	12 050.48	1 930.01

2-4 山西省旅游

	固定资产原价（万元）	营业收入（万元）	利润（万元）	营业税金及附加（万元）
合计	**1 581 049.28**	**1 155 044.90**	**–51 917.35**	**7 673.59**
（一）旅行社	325 462.84	847 375.67	5 146.72	1 631.56
（二）星级饭店	858 063.00	220 253.78	–45 112.01	5 410.05
内资饭店	851 344.40	216 979.88	–44 045.21	5 345.05
外资饭店	6 718.60	3 273.90	–1 066.80	65.00
（三）旅游景区	397 523.45	87 415.45	–11 952.06	631.98

企业主要经济指标

利润率 （%）	全员劳动生产率 （万元／人）	人均实现利润 （万元／人）	人均固定资产原价 （万元／人）	从业人员 （人）	企业数 （家）
−4.28	**19.32**	**−0.83**	**38.45**	**58 111**	**1 771**
0.76	49.50	0.38	26.91	8 575	1 373
−12.77	11.69	−1.49	37.15	42 361	350
−11.95	11.56	−1.38	35.26	40 815	343
−29.25	15.28	−4.47	87.12	1 546	7
5.95	40.43	2.40	85.78	7 175	48

企业主要经济指标

利润率 （%）	全员劳动生产率 （万元／人）	人均实现利润 （万元／人）	人均固定资产原价 （万元／人）	从业人员 （人）	企业数 （家）
−4.49	**29.47**	**−1.32**	**40.34**	**39 189**	**1 022**
0.61	105.13	0.64	40.38	8 060	778
−20.48	8.99	−1.84	35.03	24 498	194
−20.30	8.96	−1.82	35.15	24 218	193
−32.58	11.69	−3.81	24.00	280	1
−13.67	20.95	−2.86	95.28	6 631	50

2-5 内蒙古自治区旅游

	固定资产原价（万元）	营业收入（万元）	利润（万元）	营业税金及附加（万元）
合计	**1 154 732.38**	**479 493.53**	**–46 163.90**	**8 224.91**
（一）旅行社	69 309.30	210 534.69	1 039.13	591.03
（二）星级饭店	948 055.62	225 146.15	–33 903.74	6 761.41
内资饭店	775 137.52	199 079.75	–25 764.14	6 350.31
外资饭店	172 918.10	26 066.40	–8 139.60	411.10
（三）旅游景区	137 367.47	43 812.69	–13 299.29	872.48

2-6 辽宁省旅游

	固定资产原价（万元）	营业收入（万元）	利润（万元）	营业税金及附加（万元）
合计	**2 220 363.36**	**1 837 348.06**	**–26 555.16**	**17 803.48**
（一）旅行社	203 049.49	1 249 673.15	12 685.76	3 980.86
（二）星级饭店	1 768 683.76	456 072.87	–82 466.91	12 638.90
内资饭店	1 243 032.51	352 720.91	–69 723.21	8 848.17
外资饭店	525 651.25	103 351.96	–12 743.70	3 790.73
（三）旅游景区	248 630.12	131 602.04	43 225.99	1 183.72

企业主要经济指标

利润率（%）	全员劳动生产率（万元／人）	人均实现利润（万元／人）	人均固定资产原价（万元／人）	从业人员（人）	企业数（家）
-9.63	**17.38**	**-1.67**	**41.87**	**27 581**	**1 179**
0.49	30.77	0.15	10.13	6 843	956
-15.06	13.03	-1.96	54.85	17 283	175
-12.94	12.24	-1.58	47.66	16 264	172
-31.23	25.58	-7.99	169.69	1 019	3
-30.35	15.22	-4.62	47.71	3 455	48

企业主要经济指标

利润率（%）	全员劳动生产率（万元／人）	人均实现利润（万元／人）	人均固定资产原价（万元／人）	从业人员（人）	企业数（家）
-1.45	**37.38**	**-0.54**	**45.17**	**49 157**	**1 639**
1.02	132.32	1.34	21.50	9 444	1 258
-18.08	13.43	-2.43	52.08	33 964	349
-19.77	12.52	-2.47	44.12	28 174	317
-12.33	17.85	-2.20	90.79	5 790	32
32.85	23.80	7.82	44.97	5 749	32

2–7 吉林省旅游

	固定资产原价（万元）	营业收入（万元）	利润（万元）	营业税金及附加（万元）
合计	**818 856.32**	**416 495.88**	**–15 877.04**	**9 081.59**
（一）旅行社	98 299.61	223 252.51	1 648.35	556.05
（二）星级饭店	569 956.44	153 795.10	–18 869.35	8 023.14
内资饭店	483 688.64	136 147.90	–18 166.55	7 777.24
外资饭店	86 267.80	17 647.20	–702.80	245.90
（三）旅游景区	150 600.27	39 448.27	1 343.96	502.41

2–8 黑龙江省旅游

	固定资产原价（万元）	营业收入（万元）	利润（万元）	营业税金及附加（万元）
合计	**781 259.95**	**618 546.86**	**4 997.71**	**6 317.02**
（一）旅行社	107 171.54	321 538.79	1 368.44	779.81
（二）星级饭店	597 419.95	184 926.91	–1 683.85	5 240.00
内资饭店	545 991.91	166 165.44	–5 352.73	4 918.68
外资饭店	51 428.04	18 761.48	3 668.88	321.32
（三）旅游景区	76 668.47	112 081.16	5 313.12	297.20

企业主要经济指标

利润率 （%）	全员劳动 生 产 率 （万元／人）	人均实现 利　　润 （万元／人）	人均固定 资产原价 （万元／人）	从业人员 （人）	企业数 （家）
–3.81	**19.60**	**–0.75**	**38.53**	**21 251**	**840**
0.74	47.62	0.35	20.97	4 688	634
–12.27	11.08	–1.36	41.06	13 881	169
–13.34	10.37	–1.38	36.85	13 125	167
–3.98	23.34	–0.93	114.11	756	2
3.41	16.72	0.57	63.81	2 682	37

企业主要经济指标

利润率 （%）	全员劳动 生 产 率 （万元／人）	人均实现 利　　润 （万元／人）	人均固定 资产原价 （万元／人）	从业人员 （人）	企业数 （家）
0.81	**31.80**	**0.26**	**40.17**	**19 451**	**905**
0.43	62.42	0.27	20.81	5 151	693
–0.91	14.23	–0.13	45.97	12 996	198
–3.22	13.27	–0.43	43.59	12 525	196
19.56	39.83	7.79	109.19	471	2
4.74	95.80	4.54	65.53	1 304	14

2-9 上海市旅游

	固定资产原价（万元）	营业收入（万元）	利润（万元）	营业税金及附加（万元）
合计	**6 484 245.74**	**10 725 023.00**	**399 153.59**	**76 856.54**
（一）旅行社	2 197 703.66	8 272 751.47	−7 891.53	21 463.31
（二）星级饭店	3 309 937.24	2 000 097.89	294 940.64	49 206.68
内资饭店	2 607 110.87	1 383 748.78	149 844.27	31 300.32
外资饭店	702 826.37	616 349.11	145 096.38	17 906.36
（三）旅游景区	976 604.84	452 173.64	112 104.48	6 186.55

2-10 江苏省旅游

	固定资产原价（万元）	营业收入（万元）	利润（万元）	营业税金及附加（万元）
合计	**5 782 774.85**	**7 967 255.08**	**16 195.46**	**55 857.10**
（一）旅行社	844 110.51	5 981 999.71	13 405.88	6 195.71
（二）星级饭店	3 426 898.61	1 580 282.83	−16 987.66	40 970.20
内资饭店	2 931 292.88	1 414 706.20	−7 698.05	37 630.88
外资饭店	495 605.73	165 576.63	−9 289.61	3 339.32
（三）旅游景区	1 511 765.73	404 972.54	19 777.24	8 691.19

企业主要经济指标

利润率（%）	全员劳动生产率（万元／人）	人均实现利润（万元／人）	人均固定资产原价（万元／人）	从业人员（人）	企业数（家）
3.72	**106.34**	**3.96**	**64.29**	**100 857**	**1 553**
–0.10	261.04	–0.25	69.35	31 691	1 261
14.75	37.73	5.56	62.44	53 009	227
10.83	33.94	3.68	63.95	40 767	195
23.54	50.35	11.85	57.41	12 242	32
24.79	60.78	15.07	131.26	16 157	65

企业主要经济指标

利润率（%）	全员劳动生产率（万元／人）	人均实现利润（万元／人）	人均固定资产原价（万元／人）	从业人员（人）	企业数（家）
0.20	**61.26**	**0.12**	**44.46**	**130 061**	**2 914**
0.22	171.85	0.39	24.25	34 809	2 241
–1.07	19.76	–0.21	42.85	79 965	561
–0.54	19.58	–0.11	40.58	72 240	533
–5.61	21.43	–1.20	64.16	7 725	28
4.88	31.61	1.54	118.01	15 287	112

2-11 浙江省旅游

	固定资产原价（万元）	营业收入（万元）	利润（万元）	营业税金及附加（万元）
合计	**5 861 065.03**	**3 118 562.07**	**–26 618.79**	**60 494.73**
（一）旅行社	181 102.91	543 978.83	7 122.88	1 490.45
（二）星级饭店	4 327 925.69	1 948 064.49	–27 530.35	50 828.52
内资饭店	3 616 346.90	1 698 637.75	–38 332.71	44 169.77
外资饭店	711 578.79	249 426.74	10 802.36	6 658.75
（三）旅游景区	1 352 036.42	626 518.75	–6 211.32	8 175.76

2-12 安徽省旅游

	固定资产原价（万元）	营业收入（万元）	利润（万元）	营业税金及附加（万元）
合计	**1 915 993.36**	**1 441 291.15**	**–8 261.94**	**18 555.00**
（一）旅行社	160 853.69	851 509.40	4 375.04	1 709.13
（二）星级饭店	1 343 065.55	494 689.70	–3 169.17	14 607.76
内资饭店	1 259 279.58	472 880.44	–3 963.78	14 194.72
外资饭店	83 785.97	21 809.26	794.62	413.04
（三）旅游景区	412 074.12	95 092.05	–9 467.81	2 238.11

企业主要经济指标

利润率（%）	全员劳动生产率（万元／人）	人均实现利润（万元／人）	人均固定资产原价（万元／人）	从业人员（人）	企业数（家）
-0.85	**25.33**	**-0.22**	**47.61**	**123 108**	**2 857**
1.31	68.95	0.90	22.96	7 889	2 051
-1.41	20.48	-0.29	45.50	95 109	651
-2.26	20.55	-0.46	43.75	82 653	620
4.33	20.02	0.87	57.13	12 456	31
-0.99	34.31	-0.34	74.05	20 110	155

企业主要经济指标

利润率（%）	全员劳动生产率（万元／人）	人均实现利润（万元／人）	人均固定资产原价（万元／人）	从业人员（人）	企业数（家）
-0.57	**28.76**	**-0.16**	**38.23**	**50 115**	**1 446**
0.51	87.06	0.45	16.45	9 781	1 070
-0.64	14.35	-0.09	38.97	34 464	312
-0.84	14.30	-0.12	38.09	33 061	305
3.64	15.54	0.57	59.72	1 403	7
-9.96	22.25	-2.22	96.44	5 870	64

2-13　福建省旅游

	固定资产原价（万元）	营业收入（万元）	利润（万元）	营业税金及附加（万元）
合计	**2 230 482.89**	**3 677 578.78**	**48 187.98**	**41 675.21**
（一）旅行社	422 210.96	2 601 279.40	17 905.39	5 207.54
（二）星级饭店	1 460 403.19	862 888.22	18 706.10	27 175.83
内资饭店	1 065 018.63	671 041.27	14 152.63	21 783.46
外资饭店	395 384.56	191 846.95	4 553.47	5 392.37
（三）旅游景区	347 868.74	213 411.16	11 576.49	9 291.84

2-14　江西省旅游

	固定资产原价（万元）	营业收入（万元）	利润（万元）	营业税金及附加（万元）
合计	**1 065 387.16**	**851 519.96**	**17 851.80**	**52 931.02**
（一）旅行社	107 723.12	388 541.55	4 414.72	730.21
（二）星级饭店	799 629.79	340 908.19	5 905.56	49 405.27
内资饭店	721 545.94	321 938.35	6 373.47	48 911.00
外资饭店	78 083.85	18 969.85	–467.91	494.27
（三）旅游景区	158 034.25	122 070.21	7 531.52	2 795.53

企业主要经济指标

利润率 （%）	全员劳动 生产率 （万元／人）	人均实现 利润 （万元／人）	人均固定 资产原价 （万元／人）	从业人员 （人）	企业数 （家）
1.31	**42.88**	**0.56**	**26.01**	**85 771**	**1 264**
0.69	142.08	0.98	23.06	18 308	844
2.17	16.12	0.35	27.28	53 536	334
2.11	15.60	0.33	24.76	43 009	294
2.37	18.22	0.43	37.56	10 527	40
5.42	16.66	0.90	27.16	13 927	86

企业主要经济指标

利润率 （%）	全员劳动 生产率 （万元／人）	人均实现 利润 （万元／人）	人均固定 资产原价 （万元／人）	从业人员 （人）	企业数 （家）
2.10	**22.62**	**0.47**	**28.31**	**37 638**	**1 087**
1.14	62.71	0.71	17.39	6 196	744
1.73	12.95	0.22	30.37	26 332	290
1.98	12.78	0.25	28.64	25 195	281
–2.47	16.68	–0.41	68.68	1 137	9
6.17	23.89	1.47	30.93	5 110	53

2-15 山东省旅游

	固定资产原价（万元）	营业收入（万元）	利润（万元）	营业税金及附加（万元）
合计	**4 474 462.43**	**3 501 630.01**	**80 267.21**	**43 175.62**
（一）旅行社	311 649.58	1 697 278.45	34 599.70	5 817.33
（二）星级饭店	3 062 118.48	1 105 877.99	–53 879.63	25 030.63
内资饭店	2 736 966.39	1 024 641.15	–49 156.43	23 709.37
外资饭店	325 152.10	81 236.84	–4 723.21	1 321.26
（三）旅游景区	1 100 694.37	698 473.58	99 547.14	12 327.66

2-16 河南省旅游

	固定资产原价（万元）	营业收入（万元）	利润（万元）	营业税金及附加（万元）
合计	**2 543 683.15**	**1 306 966.05**	**–57 177.03**	**26 944.87**
（一）旅行社	132 777.17	384 003.90	4 331.92	861.92
（二）星级饭店	1 341 687.85	561 872.85	–91 030.09	17 621.69
内资饭店	1 231 216.45	527 440.25	–74 756.79	16 739.99
外资饭店	110 471.40	34 432.60	–16 273.30	881.70
（三）旅游景区	1 069 218.13	361 089.30	29 521.14	8 461.25

企业主要经济指标

利润率 （%）	全员劳动生产率 （万元／人）	人均实现利润 （万元／人）	人均固定资产原价 （万元／人）	从业人员 （人）	企业数 （家）
2.29	**29.39**	**0.67**	**37.56**	**119 141**	**2 874**
2.04	80.63	1.64	14.81	21 049	2 115
–4.87	13.93	–0.68	38.58	79 378	622
–4.80	13.49	–0.65	36.04	75 945	605
–5.81	23.66	–1.38	94.71	3 433	17
14.25	44.80	6.38	70.60	18 714	137

企业主要经济指标

利润率 （%）	全员劳动生产率 （万元／人）	人均实现利润 （万元／人）	人均固定资产原价 （万元／人）	从业人员 （人）	企业数 （家）
–4.37	**18.79**	**–0.82**	**36.57**	**69 563**	**1 534**
1.13	59.23	0.67	20.48	6 483	1 009
–16.20	12.31	–1.99	29.38	45 662	411
–14.17	12.14	–1.72	28.35	43 429	403
–47.26	15.42	–7.29	49.47	2 233	8
8.18	22.61	1.85	66.96	17 418	114

2-17 湖北省旅游

	固定资产原价（万元）	营业收入（万元）	利润（万元）	营业税金及附加（万元）
合计	**2 399 016.85**	**2 014 310.58**	**–118 723.18**	**25 011.53**
（一）旅行社	223 639.60	1 208 618.25	6 084.30	7 681.57
（二）星级饭店	1 228 134.62	472 755.13	–168 254.59	12 836.26
内资饭店	1 048 673.77	412 857.75	–164 506.71	11 265.98
外资饭店	179 460.85	59 897.38	–3 747.88	1 570.28
（三）旅游景区	947 242.63	332 937.21	43 447.11	4 493.70

2-18 湖南省旅游

	固定资产原价（万元）	营业收入（万元）	利润（万元）	营业税金及附加（万元）
合计	**2 309 508.47**	**2 385 026.90**	**82 797.52**	**65 353.22**
（一）旅行社	187 817.96	1 469 235.27	4 317.97	2 944.42
（二）星级饭店	1 590 280.80	630 550.67	–6 611.69	58 141.57
内资饭店	1 529 931.87	609 362.47	–4 987.63	57 505.83
外资饭店	60 348.93	21 188.20	–1 624.06	635.74
（三）旅游景区	531 409.71	285 240.96	85 091.24	4 267.23

企业主要经济指标

利润率（%）	全员劳动生产率（万元／人）	人均实现利润（万元／人）	人均固定资产原价（万元／人）	从业人员（人）	企业数（家）
–5.89	**30.00**	**–1.77**	**35.73**	**67 137**	**1 553**
0.50	72.64	0.37	13.44	16 638	1 057
–35.59	13.68	–4.87	35.53	34 569	364
–39.85	12.96	–5.16	32.91	31 863	350
–6.26	22.14	–1.39	66.32	2 706	14
13.05	23.27	3.04	66.21	15 930	132

企业主要经济指标

利润率（%）	全员劳动生产率（万元／人）	人均实现利润（万元／人）	人均固定资产原价（万元／人）	从业人员（人）	企业数（家）
3.47	**34.94**	**1.21**	**33.83**	**68 266**	**1 323**
0.29	112.76	0.33	14.41	13 030	838
–1.05	13.65	–0.14	34.44	46 179	419
–0.82	13.69	–0.11	34.38	44 496	411
–7.66	12.59	–0.96	35.86	1 683	8
29.83	36.05	10.75	67.16	9 057	66

2-19 广东省旅游

	固定资产原价（万元）	营业收入（万元）	利润（万元）	营业税金及附加（万元）
合计	**10 111 117.31**	**10 353 301.14**	**278 909.63**	**107 749.61**
（一）旅行社	1 718 992.74	7 205 954.54	49 848.33	15 283.06
（二）星级饭店	5 653 501.77	2 112 000.12	125 965.84	65 034.60
内资饭店	4 718 320.99	1 778 251.43	96 631.62	57 505.02
外资饭店	935 180.78	333 748.69	29 334.22	7 529.58
（三）旅游景区	2 738 622.80	1 035 346.48	103 095.46	27 431.95

2-20 广西壮族自治区旅游

	固定资产原价（万元）	营业收入（万元）	利润（万元）	营业税金及附加（万元）
合计	**1 234 851.74**	**1 080 238.49**	**40 000.91**	**15 158.62**
（一）旅行社	144 967.33	643 776.26	5 513.88	741.15
（二）星级饭店	979 706.17	395 180.01	30 579.33	13 195.85
内资饭店	813 638.74	359 967.03	35 554.41	12 569.46
外资饭店	166 067.43	35 212.98	–4 975.09	626.39
（三）旅游景区	110 178.24	41 282.22	3 907.70	1 221.63

企业主要经济指标

利润率 （%）	全员劳动 生 产 率 （万元／人）	人均实现 利　　润 （万元／人）	人均固定 资产原价 （万元／人）	从业人员 （人）	企业数 （家）
2.69	**49.95**	**1.35**	**48.79**	**207 256**	**2 879**
0.69	175.73	1.22	41.92	41 006	2 028
5.96	17.19	1.03	46.01	122 867	723
5.43	16.77	0.91	44.50	106 030	659
8.79	19.82	1.74	55.54	16 837	64
9.96	28.05	2.79	74.19	43 383	128

企业主要经济指标

利润率 （%）	全员劳动 生 产 率 （万元／人）	人均实现 利　　润 （万元／人）	人均固定 资产原价 （万元／人）	从业人员 （人）	企业数 （家）
3.70	**24.64**	**0.91**	**28.17**	**43 839**	**1 019**
0.86	81.51	0.70	18.35	7 898	586
7.74	12.12	0.94	30.06	32 596	410
9.88	11.80	1.17	26.67	30 511	403
−14.13	16.89	−2.39	79.65	2 085	7
9.47	14.75	1.40	39.36	3 345	23

2-21 海南省旅游

	固定资产原价（万元）	营业收入（万元）	利润（万元）	营业税金及附加（万元）
合计	**2 141 552.49**	**1 197 512.74**	**132 620.95**	**23 093.03**
（一）旅行社	595 208.97	499 477.63	598.69	1 636.35
（二）星级饭店	1 130 030.66	439 296.51	41 581.18	14 240.60
内资饭店	852 978.70	305 643.12	2 217.12	11 517.16
外资饭店	277 051.96	133 653.40	39 364.07	2 723.45
（三）旅游景区	416 312.87	258 738.60	90 441.08	7 216.08

2-22 重庆市旅游

	固定资产原价（万元）	营业收入（万元）	利润（万元）	营业税金及附加（万元）
合计	**1 630 436.06**	**1 873 582.60**	**–5 181.05**	**14 573.72**
（一）旅行社	171 617.35	1 310 276.42	3 626.65	1 519.50
（二）星级饭店	948 841.91	411 902.27	–6 619.38	11 131.08
内资饭店	778 964.41	362 273.87	–18 532.88	10 067.58
外资饭店	169 877.50	49 628.40	11 913.50	1 063.50
（三）旅游景区	509 976.80	151 403.91	–2 188.32	1 923.15

企业主要经济指标

利润率 （%）	全员劳动生产率 （万元／人）	人均实现利润 （万元／人）	人均固定资产原价 （万元／人）	从业人员 （人）	企业数 （家）
11.07	**34.29**	**3.80**	**61.33**	**34 919**	**447**
0.12	110.38	0.13	131.54	4 525	304
9.47	20.96	1.98	53.93	20 954	124
0.73	18.35	0.13	51.22	16 654	109
29.45	31.08	9.15	64.43	4 300	15
34.95	32.59	11.39	52.44	9 440	19

企业主要经济指标

利润率 （%）	全员劳动生产率 （万元／人）	人均实现利润 （万元／人）	人均固定资产原价 （万元／人）	从业人员 （人）	企业数 （家）
−0.28	**42.37**	**−0.12**	**36.88**	**44 215**	**800**
0.28	193.86	0.54	25.39	6 759	546
−1.61	14.45	−0.23	33.29	28 506	197
−5.12	13.80	−0.71	29.67	26 251	191
24.01	22.01	5.28	75.33	2 255	6
−1.45	19.89	−0.29	67.00	8 950	57

2-23 四川省旅游

	固定资产原价（万元）	营业收入（万元）	利润（万元）	营业税金及附加（万元）
合计	**4 073 757.71**	**1 953 006.81**	**40 362.02**	**25 110.60**
（一）旅行社	1 500 301.40	843 038.66	24 254.39	3 034.92
（二）星级饭店	1 577 537.45	557 416.00	−30 039.50	15 499.28
内资饭店	1 308 483.21	520 356.12	−15 280.59	14 490.84
外资饭店	269 054.24	37 059.88	−14 758.90	1 008.44
（三）旅游景区	995 918.86	552 552.15	46 147.12	6 576.40

2-24 贵州省旅游

	固定资产原价（万元）	营业收入（万元）	利润（万元）	营业税金及附加（万元）
合计	**965 272.80**	**573 574.53**	**−8 395.25**	**7 984.76**
（一）旅行社	169 382.94	269 300.04	−7 531.44	642.28
（二）星级饭店	618 068.94	256 522.63	9 760.70	6 529.28
内资饭店	579 768.94	249 391.33	10 568.30	6 248.48
外资饭店	38 300.00	7 131.30	−807.60	280.80
（三）旅游景区	177 820.92	47 751.86	−10 624.51	813.20

企业主要经济指标

利润率（%）	全员劳动生产率（万元／人）	人均实现利润（万元／人）	人均固定资产原价（万元／人）	从业人员（人）	企业数（家）
2.07	**35.74**	**0.74**	**74.54**	**54 650**	**866**
2.88	130.58	3.76	232.39	6 456	485
–5.39	14.73	–0.79	41.68	37 849	298
–2.94	14.69	–0.43	36.94	35 419	289
–39.82	15.25	–6.07	110.72	2 430	9
8.35	64.73	5.41	116.67	10 345	83

企业主要经济指标

利润率（%）	全员劳动生产率（万元／人）	人均实现利润（万元／人）	人均固定资产原价（万元／人）	从业人员（人）	企业数（家）
–1.46	**20.02**	**–0.29**	**33.69**	**28 651**	**650**
–2.80	98.18	–2.75	61.75	2 743	348
3.81	13.75	0.52	33.13	18 654	266
4.24	13.78	0.58	32.04	18 093	262
–11.32	12.71	–1.44	68.27	561	4
–22.25	13.12	–2.92	48.84	7 254	36

2-25 云南省旅游

	固定资产原价（万元）	营业收入（万元）	利润（万元）	营业税金及附加（万元）
合计	**2 688 259.27**	**1 444 490.51**	**–1 769.37**	**28 219.01**
（一）旅行社	559 116.60	939 647.75	943.48	3 062.51
（二）星级饭店	1 623 579.21	371 588.37	1 617.41	22 379.08
内资饭店	1 518 991.56	354 302.52	1 634.61	21 254.72
外资饭店	104 587.65	17 285.85	–17.20	1 124.36
（三）旅游景区	505 563.46	133 254.39	–4 330.26	2 777.42

2-26 西藏自治区旅游

	固定资产原价（万元）	营业收入（万元）	利润（万元）	营业税金及附加（万元）
合计	**457 783.85**	**156 497.79**	**847.26**	**3 446.97**
（一）旅行社	116 255.21	100 724.29	983.89	335.11
（二）星级饭店	341 528.64	55 773.50	–136.63	3 111.86
内资饭店	341 528.64	49 061.20	–1 448.44	3 038.40
外资饭店	0.00	6 712.30	1 311.80	73.46
（三）旅游景区	—	—	—	—

企业主要经济指标

利润率 （%）	全员劳动 生产率 （万元／人）	人均实现 利润 （万元／人）	人均固定 资产原价 （万元／人）	从业人员 （人）	企业数 （家）
–0.12	**24.27**	**–0.03**	**45.18**	**59 506**	**1 469**
0.10	111.02	0.11	66.06	8 464	855
0.44	8.57	0.04	37.43	43 377	559
0.46	8.43	0.04	36.16	42 007	549
–0.10	12.62	–0.01	76.34	1 370	10
–3.25	18.32	–0.60	69.51	7 665	55

企业主要经济指标

利润率 （%）	全员劳动 生产率 （万元／人）	人均实现 利润 （万元／人）	人均固定 资产原价 （万元／人）	从业人员 （人）	企业数 （家）
0.54	**25.04**	**0.14**	**73.26**	**6 249**	**273**
0.98	42.32	0.41	48.85	2 380	205
–0.24	14.42	–0.04	88.27	3 869	68
–2.95	13.55	–0.40	94.29	3 622	66
19.54	27.18	5.31	0.00	247	2
—	—	—	—	130	—

2-27 陕西省旅游

	固定资产原价（万元）	营业收入（万元）	利润（万元）	营业税金及附加（万元）
合计	**1 922 880.86**	**1 345 260.46**	**–28 448.98**	**15 947.07**
（一）旅行社	187 064.39	714 162.25	–485.96	1 017.92
（二）星级饭店	1 284 688.03	419 017.19	–20 066.06	10 090.45
内资饭店	1 125 642.90	366 852.39	–23 615.25	8 983.04
外资饭店	159 045.13	52 164.80	3 549.19	1 107.41
（三）旅游景区	451 128.45	212 081.02	–7 896.96	4 838.70

2-28 甘肃省旅游

	固定资产原价（万元）	营业收入（万元）	利润（万元）	营业税金及附加（万元）
合计	**1 123 489.26**	**466 286.28**	**25 323.36**	**25 723.77**
（一）旅行社	236 790.41	146 424.67	–5 309.82	1 438.96
（二）星级饭店	714 975.67	233 714.25	6 642.84	23 124.30
内资饭店	674 434.16	225 545.30	7 167.53	22 996.69
外资饭店	40 541.50	8 168.95	–524.68	127.60
（三）旅游景区	171 723.18	86 147.36	23 990.34	1 160.52

企业主要经济指标

利润率（%）	全员劳动生产率（万元/人）	人均实现利润（万元/人）	人均固定资产原价（万元/人）	从业人员（人）	企业数（家）
−2.11	**23.38**	**−0.49**	**33.43**	**57 527**	**1 067**
−0.07	74.38	−0.05	19.48	9 601	696
−4.79	12.14	−0.58	37.23	34 504	275
−6.44	11.51	−0.74	35.32	31 872	266
6.80	19.82	1.35	60.43	2 632	9
−3.72	19.33	−0.72	41.11	13 422	96

企业主要经济指标

利润率（%）	全员劳动生产率（万元/人）	人均实现利润（万元/人）	人均固定资产原价（万元/人）	从业人员（人）	企业数（家）
5.43	**14.97**	**0.81**	**36.06**	**31 154**	**797**
−3.63	32.41	−1.18	52.41	4 518	463
2.84	10.56	0.30	32.32	22 125	299
3.18	10.46	0.33	31.27	21 567	297
−6.42	14.64	−0.94	72.66	558	2
27.85	20.49	5.71	40.84	4 511	35

2-29　青海省旅游

	固定资产原　价（万元）	营业收入（万元）	利　润（万元）	营业税金及附加（万元）
合　计	**402 599.45**	**164 769.66**	**-1 429.93**	**1 520.64**
（一）旅行社	194 818.22	95 069.58	-61.57	134.50
（二）星级饭店	174 704.16	66 884.66	-486.31	1 319.79
内资饭店	174 704.16	66 884.66	-486.31	1 319.79
外资饭店	—	—	—	—
（三）旅游景区	33 077.07	2 815.42	-882.05	66.35

2-30　宁夏回族自治区旅游

	固定资产原　价（万元）	营业收入（万元）	利　润（万元）	营业税金及附加（万元）
合　计	**521 687.17**	**242 762.76**	**-52 650.08**	**3 524.98**
（一）旅行社	19 341.23	94 170.84	-883.81	125.41
（二）星级饭店	243 622.75	76 248.38	-60 168.66	2 467.95
内资饭店	240 648.16	75 822.15	-59 995.27	2 430.85
外资饭店	2 974.59	426.23	-173.39	37.10
（三）旅游景区	258 723.19	72 343.54	8 402.39	931.62

企业主要经济指标

利润率 （%）	全员劳动生产率 （万元／人）	人均实现利润 （万元／人）	人均固定资产原价 （万元／人）	从业人员 （人）	企业数 （家）
–0.87	**19.70**	**–0.17**	**48.13**	**8 364**	**315**
–0.06	45.91	–0.03	94.07	2 071	231
–0.73	11.54	–0.08	30.13	5 798	76
–0.73	11.54	–0.08	30.13	5 798	76
—	—	—	—	—	—
–31.33	9.05	–2.84	106.36	495	8

企业主要经济指标

利润率 （%）	全员劳动生产率 （万元／人）	人均实现利润 （万元／人）	人均固定资产原价 （万元／人）	从业人员 （人）	企业数 （家）
–21.69	**19.86**	**–4.31**	**42.68**	**12 223**	**228**
–0.94	58.20	–0.55	11.95	1 618	115
–78.91	10.92	–8.62	34.89	6 982	90
–79.13	11.05	–8.74	35.07	6 862	89
–40.68	3.55	–1.44	24.79	120	1
11.61	20.44	2.37	73.09	3 623	23

2-31 新疆维吾尔自治区旅游

	固定资产原价（万元）	营业收入（万元）	利润（万元）	营业税金及附加（万元）
合计	**1 466 044.18**	**736 461.99**	**-9 657.60**	**14 128.74**
（一）旅行社	82 349.30	268 998.22	126.06	667.32
（二）星级饭店	1 144 401.30	359 884.91	-17 518.63	9 382.81
内资饭店	1 144 280.80	355 346.91	-17 720.83	9 299.91
外资饭店	120.50	4 538.00	202.20	82.90
（三）旅游景区	239 293.59	107 578.85	7 734.97	4 078.61

企业主要经济指标

利润率（%）	全员劳动生产率（万元/人）	人均实现利润（万元/人）	人均固定资产原价（万元/人）	从业人员（人）	企业数（家）
-1.31	**21.44**	**-0.28**	**42.69**	**34 343**	**809**
0.05	60.71	0.03	18.58	4 431	415
-4.87	13.53	-0.66	43.03	26 598	350
-4.99	13.52	-0.67	43.52	26 291	349
4.46	14.78	0.66	0.39	307	1
7.19	39.80	2.86	88.53	3 314	44

三、主要城市综合资料

3-1 主要城市旅游

	固定资产 原　价 （万元）	营业收入 （万元）	利　润 （万元）	营业税金 及附加 （万元）
合　计	**25 181 009.13**	**22 864 227.50**	**296 208.45**	**269 697.28**
（一）旅行社	4 869 229.21	15 452 767.19	103 482.44	71 129.23
（二）星级饭店	15 051 787.39	5 561 068.95	–28 044.33	155 966.25
内资饭店	12 024 804.93	4 616 310.12	–16 331.38	132 232.80
外资饭店	3 026 982.46	944 758.83	–11 712.95	23 733.45
（三）旅游景区	5 259 992.53	1 850 391.36	220 770.34	42 601.80

企业主要经济指标

利润率 （%）	全员劳动生产率 （万元/人）	人均实现利润 （万元/人）	人均固定资产原价 （万元/人）	从业人员 （人）	企业数 （家）
1.30	**46.37**	**0.60**	**51.07**	**493 086**	**9 152**
0.01	118.27	0.79	37.27	130 662	7 113
–0.50	18.79	–0.09	50.86	295 949	1 750
–0.35	18.31	–0.06	47.70	252 109	1 604
–1.24	21.55	–0.27	69.05	43 840	146
138.38	603.03	73.05	1 695.90	66 475	289

3-2 主要城市旅行社

	固定资产原价（万元）	营业收入（万元）	利润（万元）	营业税金及附加（万元）
总计	**4 869 229.21**	**15 452 767.19**	**103 482.44**	**71 129.23**
沈阳	117 672.40	941 241.60	10 206.41	4 897.17
大连	54 929.01	238 598.60	−1 179.50	830.37
长春	43 299.53	123 599.20	2 082.22	598.32
哈尔滨	80 095.79	272 082.70	2 292.47	1 084.91
南京	468 093.00	1 666 189.00	3 886.78	4 811.28
无锡	61 472.98	519 458.50	2 206.21	1 554.49
苏州	183 446.30	844 894.50	3 243.56	3 176.46
杭州	72 098.39	180 979.90	3 290.50	1 858.35
宁波	19 701.40	89 680.89	−32.82	384.48
黄山	42 709.88	232 773.80	430.44	889.32
福州	99 754.11	1201 191.00	9 164.32	4 479.35
厦门	253 489.40	896 234.90	2 880.68	3 855.76
青岛	99 880.05	590 306.90	13 472.09	6 030.31
武汉	128 797.90	723 624.90	−8 434.80	6 967.56
广州	512 404.20	2 277 684.00	28 035.39	9 226.39
深圳	649 885.20	2 276 297.00	2 900.03	6 937.04
珠海	27 457.81	131 123.00	252.24	2 111.59
中山	21 085.85	102 151.50	1 077.32	732.31
桂林	51 609.51	195 397.90	1 292.39	947.02
海口	141 875.80	347 883.50	2 550.60	2 422.31
成都	1 418 719.00	516 226.60	23 509.95	4 397.09
昆明	150 001.00	421 763.50	665.21	1 323.40
西安	170 750.70	663 383.80	−309.25	1 613.95

主要经济指标（按城市分）

利润率（%）	全员劳动生产率（万元/人）	人均实现利润（万元/人）	人均固定资产原价（万元/人）	从业人员（人）	企业数（家）
0.01	**118.27**	**0.79**	**37.27**	**130 662**	**7 113**
0.11	234.90	2.55	29.37	4 007	192
−0.05	70.72	−0.35	16.28	3 374	418
0.17	48.60	0.82	17.03	2 543	188
0.08	73.14	0.62	21.53	3 720	331
0.02	164.56	0.38	46.23	10 125	551
0.04	184.99	0.79	21.89	2 808	169
0.04	56.17	0.22	12.20	15 041	306
0.18	64.50	1.17	25.69	2 806	692
0.00	77.78	−0.03	17.09	1 153	278
0.02	101.21	0.19	18.57	2 300	162
0.08	205.75	1.57	17.09	5 838	138
0.03	137.27	0.44	38.83	6 529	235
0.23	118.30	2.70	20.02	4 990	482
−0.12	73.85	−0.86	13.14	9 799	343
0.12	145.46	1.79	32.72	15 659	355
0.01	152.51	0.19	43.54	14 926	633
0.02	118.56	0.23	24.83	1 106	198
0.11	92.11	0.97	19.01	1 109	60
0.07	76.15	0.50	20.11	2 566	172
0.07	99.48	0.73	40.57	3 497	190
0.46	107.35	4.89	295.01	4 809	291
0.02	109.27	0.17	38.86	3 860	334
0.00	81.93	−0.04	21.09	8 097	395

3-3 主要城市星级饭店

	固定资产原价（万元）	营业收入（万元）	利润（万元）	营业税金及附加（万元）
总计	**15 051 787.39**	**5 561 068.95**	**-28 044.33**	**155 966.25**
沈阳	537 670.09	133 376.86	-21 803.35	3 871.62
大连	714 730.86	188 077.93	-34 658.31	4 924.28
长春	305 100.36	90 328.32	-8 674.22	3 937.98
哈尔滨	331 690.01	117 103.30	4 407.02	2 773.10
南京	960 917.45	340 287.39	11 210.11	7 283.35
无锡	414 287.66	191 990.49	-5 787.54	4 219.22
苏州	826 737.78	365 095.50	-9 121.48	8 420.57
杭州	1 377 606.13	558 966.56	-3 241.24	13 583.44
宁波	880 326.44	320 822.99	-13 933.86	9 932.40
黄山	198 103.45	73 713.66	1 320.07	1 804.60
福州	252 299.17	176 104.45	13 665.11	4 289.34
厦门	460 259.71	301 981.54	22 973.20	8 784.44
青岛	794 663.95	287 427.03	-6 096.66	5 012.34
武汉	532 083.58	207 715.10	-5 783.84	5 068.35
广州	1 514 567.03	754 494.04	54 351.09	21 738.17
深圳	1 029 744.71	588 917.48	46 869.50	19 354.72
珠海	1 400 626.02	97 653.02	-35 924.53	2 398.74
中山	25 270.14	28 072.88	6.45	666.95
桂林	318 558.52	76 314.92	-10 383.43	2 582.48
海口	278 448.42	93 026.66	-20 895.33	2 553.08
成都	639 628.68	214 707.99	-8 479.53	5 639.82
昆明	538 075.84	118 782.76	2 152.67	11 411.43
西安	720 391.40	236 108.09	-216.21	5 715.84

主要经济指标（按城市分）

利润率 （%）	全员劳动生产率 （万元/人）	人均实现利润 （万元/人）	人均固定资产原价 （万元/人）	从业人员 （人）	企业数 （家）
-0.50	**18.79**	**-0.09**	**50.86**	**295 949**	**1 750**
-16.35	14.48	-2.37	58.35	9 214	60
-18.43	16.18	-2.98	61.49	11 624	102
-9.60	12.04	-1.16	40.65	7 505	58
3.76	18.39	0.69	52.08	6 369	63
3.29	21.11	0.70	59.62	16 118	80
-3.01	21.31	-0.64	45.99	9 008	41
-2.50	22.96	-0.57	52.00	15 898	90
-0.58	20.66	-0.12	50.91	27 061	160
-4.34	20.12	-0.87	55.21	15 944	110
1.79	16.09	0.29	43.24	4 581	46
7.76	18.79	1.46	26.92	9 372	45
7.61	18.55	1.41	28.28	16 277	69
-2.12	19.29	-0.41	53.34	14 897	107
-2.78	17.98	-0.50	46.05	11 554	71
7.20	23.03	1.66	46.24	32 758	171
7.96	22.86	1.82	39.98	25 759	110
-36.79	12.99	-4.78	186.30	7 518	63
0.02	15.00	0.00	13.50	1 872	14
-13.61	13.23	-1.80	55.23	5 768	57
-22.46	15.67	-3.52	46.89	5 938	39
-3.95	18.56	-0.73	55.28	11 571	60
1.81	8.27	0.15	37.48	14 356	66
-0.09	15.75	-0.01	48.07	14 987	68

3-4 主要城市内资星级饭店

	固定资产原价（万元）	营业收入（万元）	利润（万元）	营业税金及附加（万元）
总计	**12 024 804.93**	**4 616 310.12**	**–16 331.38**	**132 232.80**
沈阳	355 524.20	100 105.59	–16 779.11	2 466.81
大连	419 467.90	126 443.74	–30 550.25	2 697.66
长春	218 832.56	72 681.12	–7 971.42	3 692.08
哈尔滨	280 261.98	98 341.82	738.14	2 451.78
南京	670 782.64	282 126.33	13 245.19	6 349.33
无锡	363 800.87	173 147.06	–4 774.51	3 846.33
苏州	762 966.21	324 433.58	–8 834.84	7 658.21
杭州	1 228 476.67	508 411.64	–5 204.30	11 911.04
宁波	737 705.38	271 176.46	–10 686.69	8 903.43
黄山	198 103.45	73 713.66	1 320.07	1 804.60
福州	174 277.79	137 630.90	9 008.12	3 371.62
厦门	252 622.21	198 751.54	16 795.87	6 173.03
青岛	562 467.95	230 042.86	–4 317.17	4 073.11
武汉	384 432.70	157 921.59	–3 317.75	3 662.71
广州	1 105 713.75	583 077.21	51 691.54	17 628.03
深圳	991 898.94	533 930.53	38 420.68	18 062.42
珠海	1 400 626.02	97 653.02	–35 924.53	2 398.74
中山	16 900.84	20 471.28	288.45	494.25
桂林	274 891.62	66 766.82	–6 798.03	2 436.68
海口	225 763.37	87 032.19	–17 545.86	2 424.17
成都	378 682.33	182 081.51	6 646.47	4 730.28
昆明	454 281.79	105 574.33	1 983.96	10 369.65
西安	566 323.77	184 795.35	–3 765.41	4 626.83

主要经济指标（按城市分）

利润率 （%）	全员劳动 生产率 （万元/人）	人均实现 利润 （万元/人）	人均固定资产 原价 （万元/人）	从业人员 （人）	企业数 （家）
−0.35	**18.31**	**−0.06**	**47.70**	**252 109**	**1 604**
−16.76	14.44	−2.42	51.28	6 933	50
−24.16	14.09	−3.41	46.76	8 971	88
−10.97	10.77	−1.18	32.42	6 749	56
0.75	16.67	0.13	47.52	5 898	61
4.69	20.51	0.96	48.76	13 756	73
−2.76	21.74	−0.60	45.67	7 965	38
−2.72	22.93	−0.62	53.92	14 150	84
−1.02	22.58	−0.23	54.56	22 517	154
−3.94	19.58	−0.77	53.26	13 850	104
1.79	16.09	0.29	43.24	4 581	46
6.55	18.64	1.22	23.61	7 383	37
8.45	17.27	1.46	21.95	11 508	55
−1.88	17.86	−0.34	43.66	12 883	99
−2.10	16.85	−0.35	41.02	9 371	64
8.87	21.36	1.89	40.50	27 299	152
7.20	22.87	1.65	42.49	23 346	101
−36.79	12.99	−4.78	186.30	7 518	63
1.41	13.79	0.19	11.39	1 484	13
−10.18	13.23	−1.35	54.49	5 045	54
−20.16	15.49	−3.12	40.17	5 620	37
3.65	19.32	0.71	40.18	9 425	53
1.88	7.91	0.15	34.05	13 341	62
−2.04	14.76	−0.30	45.25	12 516	60

3–5 主要城市外资星级饭店

	固定资产原价（万元）	营业收入（万元）	利润（万元）	营业税金及附加（万元）
总计	**3 026 982.46**	**944 758.83**	**–11 712.95**	**23 733.45**
沈阳	182 145.89	33 271.27	–5 024.24	1 404.81
大连	295 262.97	61 634.19	–4 108.06	2 226.62
长春	86 267.80	17 647.20	–702.80	245.90
哈尔滨	51 428.04	18 761.48	3 668.88	321.32
南京	290 134.81	58 161.06	–2 035.08	934.02
无锡	50 486.79	18 843.43	–1 013.03	372.89
苏州	63 771.57	40 661.92	–286.64	762.36
杭州	149 129.46	50 554.92	1 963.06	1 672.40
宁波	142 621.06	49 646.53	–3 247.17	1 028.97
黄山	—	—	—	—
福州	78 021.38	38 473.55	4 656.99	917.72
厦门	207 637.50	103 230.00	6 177.33	2 611.41
青岛	232 196.00	57 384.17	–1 779.49	939.23
武汉	147 650.88	49 793.51	–2 466.09	1 405.63
广州	408 853.28	171 416.83	2 659.56	4 110.14
深圳	37 845.77	54 986.95	8 448.82	1 292.30
珠海	—	—	—	—
中山	8 369.30	76 01.60	–282.00	172.70
桂林	43 666.90	9 548.10	–3 585.40	145.80
海口	52 685.05	5 994.47	–3 349.47	128.90
成都	260 946.34	32 626.48	–15 126.00	909.54
昆明	83 794.05	13 208.43	168.70	1 041.78
西安	154 067.63	51 312.74	3 549.19	1 089.01

主要经济指标（按城市分）

利润率 (%)	全员劳动生产率（万元/人）	人均实现利润（万元/人）	人均固定资产原价（万元/人）	从业人员（人）	企业数（家）
–1.24	**21.55**	**–0.27**	**69.05**	**43 840**	**146**
–15.10	14.59	–2.20	79.85	2 281	10
–6.67	23.23	–1.55	111.29	2 653	14
–3.98	23.34	–0.93	114.11	756	2
19.56	39.83	7.79	109.19	471	2
–3.50	24.62	–0.86	122.83	2 362	7
–5.38	18.07	–0.97	48.41	1 043	3
–0.70	23.26	–0.16	36.48	1 748	6
3.88	11.13	0.43	32.82	4 544	6
–6.54	23.71	–1.55	68.11	2 094	6
—	—	—	—	—	0
12.10	19.34	2.34	39.23	1 989	8
5.98	21.65	1.30	43.54	4 769	14
–3.10	28.49	–0.88	115.29	2 014	8
–4.95	22.81	–1.13	67.64	2 183	7
1.55	31.40	0.49	74.90	5 459	19
15.37	22.79	3.50	15.68	2 413	9
—	—	—	—	—	0
–3.71	19.59	–0.73	21.57	388	1
–37.55	13.21	–4.96	60.40	723	3
–55.88	18.85	–10.53	165.68	318	2
–46.36	15.20	–7.05	121.60	2 146	7
1.28	13.01	0.17	82.56	1 015	4
6.92	20.77	1.44	62.35	2 471	8

3–6 主要城市旅游景区

	固定资产原价（万元）	营业收入（万元）	利润（万元）	营业税金及附加（万元）
总计	**5 259 992.53**	**1 850 391.36**	**220 770.34**	**42 601.80**
沈阳	10 546.27	3 801.50	−1 660.59	48.50
大连	151 363.75	112 689.13	48 066.03	830.28
长春	54 845.51	7 423.83	709.28	70.64
哈尔滨	—	—	—	—
南京	78 750.32	20 436.27	−652.63	447.35
无锡	389 349.91	91 543.89	2 679.64	1 416.30
苏州	198 669.67	47 925.28	−6 981.19	1 003.38
杭州	691 489.27	98 782.70	6 386.66	2 464.01
宁波	58 940.81	36 924.69	896.78	503.47
黄山	89 709.12	33 341.90	6 531.55	1 049.62
福州	14 689.43	12 722.30	356.80	1 181.50
厦门	32 822.11	17 778.46	8 122.74	275.73
青岛	255 223.16	221 319.54	16 697.84	3 269.63
武汉	251 540.87	71 677.88	13 268.22	912.69
广州	328 118.30	228 999.36	60 168.77	4 849.42
深圳	618 069.82	213 604.33	51 773.52	6 837.12
珠海	1 372 901.14	355 473.55	−3 248.45	10 629.88
中山	501.62	496.45	8.84	6.14
桂林	501.62	496.45	8.84	6.14
海口	252.88	620.12	−158.26	21.63
成都	419 220.88	131 605.85	26 212.94	2 986.99
昆明	—	—	—	—
西安	242 486.07	142 727.88	−8 416.99	3 791.38

主要经济指标（按城市分）

利润率 （%）	全员劳动生产率（万元/人）	人均实现利润（万元/人）	人均固定资产原价（万元/人）	从业人员（人）	企业数（家）
138.38	**603.03**	**73.05**	**1 695.90**	**66 475**	**289**
–43.68	14.24	–6.22	39.50	267	2
42.65	29.02	12.38	38.98	4 056	16
9.55	24.10	2.30	178.07	308	1
—	—	—	—	81	—
–3.19	12.46	–0.40	48.02	1 945	15
2.93	33.06	0.97	140.61	3 243	25
–14.57	24.99	–3.64	103.58	2 506	17
6.47	26.12	1.69	182.84	4 171	31
2.43	22.04	0.54	35.19	2 219	19
19.59	31.88	6.24	85.76	1 952	15
2.80	25.24	0.71	29.15	707	4
45.69	41.35	18.89	76.33	455	8
7.54	90.11	6.80	103.92	3 098	24
18.51	26.16	4.84	91.80	2 934	11
26.27	27.60	7.25	39.55	9 373	28
24.24	28.45	6.90	82.32	7 551	16
–0.91	32.77	–0.30	126.57	11 302	10
1.78	8.27	0.15	8.36	127	1
1.78	8.27	0.15	8.36	127	1
–25.52	—	—	—	157	1
19.92	75.59	15.06	240.79	2 115	10
—	—	—	—	—	—
–5.90	21.31	–1.26	36.20	7 781	34

四、分城市旅游企业资料

4–1 沈阳市旅游

	固定资产原价（万元）	营业收入（万元）	利润（万元）	营业税金及附加（万元）
合计	**665 888.76**	**1 078 419.96**	**–13 257.53**	**8 817.29**
（一）旅行社	117 672.40	941 241.60	10 206.41	4 897.17
（二）星级饭店	537 670.09	133 376.86	–21 803.35	3 871.62
内资饭店	355 524.20	100 105.59	–16 779.11	2 466.81
外资饭店	182 145.89	33 271.27	–5 024.24	1 404.81
（三）旅游景区	10 546.27	3 801.50	–1 660.59	48.50

4–2 大连市旅游

	固定资产原价（万元）	营业收入（万元）	利润（万元）	营业税金及附加（万元）
合计	**921 023.62**	**539 365.66**	**12 228.22**	**6 584.93**
（一）旅行社	54 929.01	238 598.60	–1 179.50	830.37
（二）星级饭店	714 730.86	188 077.93	–34 658.31	4 924.28
内资饭店	419 467.90	126 443.74	–30 550.25	2 697.66
外资饭店	295 262.97	61 634.19	–4 108.06	2 226.62
（三）旅游景区	151 363.75	112 689.13	48 066.03	830.28

企业主要经济指标

利润率（%）	全员劳动生产率（万元/人）	人均实现利润（万元/人）	人均固定资产原价（万元/人）	从业人员（人）	企业数（家）
-1.23	**79.95**	**-0.98**	**49.37**	**13 488**	**254**
0.11	234.90	2.55	29.37	4 007	192
-16.35	14.48	-2.37	58.35	9 214	60
-16.76	14.44	-2.42	51.28	6 933	50
-15.10	14.59	-2.20	79.85	2 281	10
-43.68	14.24	-6.22	39.50	267	2.00

企业主要经济指标

利润率（%）	全员劳动生产率（万元/人）	人均实现利润（万元/人）	人均固定资产原价（万元/人）	从业人员（人）	企业数（家）
2.27	**28.31**	**0.64**	**48.34**	**19 054**	**536**
-0.05	70.72	-0.35	16.28	3 374	418
-18.43	16.18	-2.98	61.49	11 624	102
-24.16	14.09	-3.41	46.76	8 971	88
-6.67	23.23	-1.55	111.29	2 653	14
42.65	29.02	12.38	38.98	4 056	16

4-3 长春市旅游

	固定资产原价（万元）	营业收入（万元）	利润（万元）	营业税金及附加（万元）
合计	**403 245.40**	**221 351.35**	**–5 882.72**	**4 606.94**
（一）旅行社	43 299.53	123 599.20	2 082.22	598.32
（二）星级饭店	305 100.36	90 328.32	–8 674.22	3 937.98
内资饭店	218 832.56	72 681.12	–7 971.42	3 692.08
外资饭店	86 267.80	17 647.20	–702.80	245.90
（三）旅游景区	54 845.51	7 423.83	709.28	70.64

4-4 哈尔滨市旅游

	固定资产原价（万元）	营业收入（万元）	利润（万元）	营业税金及附加（万元）
合计	**411 785.80**	**389 186.00**	**6 699.49**	**3 858.01**
（一）旅行社	80 095.79	272 082.70	2 292.47	1 084.91
（二）星级饭店	331 690.01	117 103.30	4 407.02	2 773.10
内资饭店	280 261.98	98 341.82	738.14	2 451.78
外资饭店	51 428.04	18 761.48	3 668.88	321.32
（三）旅游景区	—	—	—	—

企业主要经济指标

利润率（%）	全员劳动生产率（万元/人）	人均实现利润（万元/人）	人均固定资产原价（万元/人）	从业人员（人）	企业数（家）
–2.66	**21.37**	**–0.57**	**38.94**	**10 356**	**247**
0.17	48.60	0.82	17.03	2 543	188
–9.60	12.04	–1.16	40.65	7 505	58
–10.97	10.77	–1.18	32.42	6 749	56
–3.98	23.34	–0.93	114.11	756	2
9.55	24.10	2.30	178.07	308	1

企业主要经济指标

利润率（%）	全员劳动生产率（万元/人）	人均实现利润（万元/人）	人均固定资产原价（万元/人）	从业人员（人）	企业数（家）
1.72	**38.27**	**0.66**	**40.49**	**10 170**	**394**
0.08	73.14	0.62	21.53	3 720	331
3.76	18.39	0.69	52.08	6 369	63
0.75	16.67	0.13	47.52	5 898	61
19.56	39.83	7.79	109.19	471	2
—	—	—	—	81	—

4–5 南京市旅游

	固定资产原价（万元）	营业收入（万元）	利润（万元）	营业税金及附加（万元）
合计	**1 507 760.77**	**2 026 912.66**	**14 444.26**	**12 541.98**
（一）旅行社	468 093.00	1 666 189.00	3 886.78	4 811.28
（二）星级饭店	960 917.45	340 287.39	11 210.11	7 283.35
内资饭店	670 782.64	282 126.33	13 245.19	6 349.33
外资饭店	290 134.81	58 161.06	–2 035.08	934.02
（三）旅游景区	78 750.32	20 436.27	–652.63	447.35

4–6 无锡市旅游

	固定资产原价（万元）	营业收入（万元）	利润（万元）	营业税金及附加（万元）
合计	**865 110.55**	**802 992.88**	**–901.69**	**7 190.01**
（一）旅行社	61 472.98	519 458.50	2 206.21	1 554.49
（二）星级饭店	414 287.66	191 990.49	–5 787.54	4 219.22
内资饭店	363 800.87	173 147.06	–4 774.51	3 846.33
外资饭店	50 486.79	18 843.43	–1 013.03	372.89
（三）旅游景区	389 349.91	91 543.89	2 679.64	1 416.30

企业主要经济指标

利润率 （%）	全员劳动 生产率 （万元/人）	人均实现 利润 （万元/人）	人均固定资产 原价 （万元/人）	从业人员 （人）	企业数 （家）
0.71	**71.91**	**0.51**	**53.49**	**28 188**	**646**
0.02	164.56	0.38	46.23	1 0125	551
3.29	21.11	0.70	59.62	16 118	80
4.69	20.51	0.96	48.76	13 756	73
–3.50	24.62	–0.86	122.83	2 362	7
–3.19	12.46	–0.40	48.02	1 945	15

企业主要经济指标

利润率 （%）	全员劳动 生产率 （万元/人）	人均实现 利润 （万元/人）	人均固定资产 原价 （万元/人）	从业人员 （人）	企业数 （家）
–0.11	**53.32**	**–0.06**	**57.45**	**15 059**	**235**
0.04	184.99	0.79	21.89	2 808	169
–3.01	21.31	–0.64	45.99	9 008	41
–2.76	21.74	–0.60	45.67	7 965	38
–5.38	18.07	–0.97	48.41	1 043	3
2.93	33.06	0.97	140.61	3 243	25

4–7　苏州市旅游

	固定资产原价（万元）	营业收入（万元）	利润（万元）	营业税金及附加（万元）
合计	**1 208 853.75**	**1 257 915.28**	**–12 859.11**	**12 600.41**
（一）旅行社	183 446.30	844 894.50	3 243.56	3 176.46
（二）星级饭店	826 737.78	365 095.50	–9 121.48	8 420.57
内资饭店	762 966.21	324 433.58	–8 834.84	7 658.21
外资饭店	63 771.57	40 661.92	–286.64	762.36
（三）旅游景区	198 669.67	47 925.28	–6 981.19	1 003.38

4–8　杭州市旅游

	固定资产原价（万元）	营业收入（万元）	利润（万元）	营业税金及附加（万元）
合计	**2 141 193.79**	**838 729.16**	**6 435.92**	**17 905.80**
（一）旅行社	72 098.39	180 979.90	3 290.50	1 858.35
（二）星级饭店	1 377 606.13	558 966.56	–3 241.24	13 583.44
内资饭店	1 228 476.67	508 411.64	–5 204.30	11 911.04
外资饭店	149 129.46	50 554.92	1 963.06	1 672.40
（三）旅游景区	691 489.27	98 782.70	6 386.66	2 464.01

企业主要经济指标

利润率（%）	全员劳动生产率（万元/人）	人均实现利润（万元/人）	人均固定资产原价（万元/人）	从业人员（人）	企业数（家）
-1.02	**37.61**	**-0.38**	**36.14**	**33 445**	**413**
0.04	56.17	0.22	12.20	15 041	306
-2.50	22.96	-0.57	52.00	15 898	90
-2.72	22.93	-0.62	53.92	14 150	84
-0.70	23.26	-0.16	36.48	1 748	6
-14.57	24.99	-3.64	103.58	2 506	17

企业主要经济指标

利润率（%）	全员劳动生产率（万元/人）	人均实现利润（万元/人）	人均固定资产原价（万元/人）	从业人员（人）	企业数（家）
0.77	**24.64**	**0.19**	**62.91**	**34 038**	**883**
0.18	64.50	1.17	25.69	2 806	692
-0.58	20.66	-0.12	50.91	27 061	160
-1.02	22.58	-0.23	54.56	22 517	154
3.88	11.13	0.43	32.82	4 544	6
6.47	26.12	1.69	182.84	4 171	31

4-9 宁波市旅游

	固定资产原价（万元）	营业收入（万元）	利润（万元）	营业税金及附加（万元）
合计	**958 968.65**	**447 428.57**	**–13 069.90**	**10 820.35**
（一）旅行社	19 701.40	89 680.89	–32.82	384.48
（二）星级饭店	880 326.44	320 822.99	–13 933.86	9 932.40
内资饭店	737 705.38	271 176.46	–10 686.69	8 903.43
外资饭店	142 621.06	49 646.53	–3 247.17	1 028.97
（三）旅游景区	58 940.81	36 924.69	896.78	503.47

4-10 黄山市旅游

	固定资产原价（万元）	营业收入（万元）	利润（万元）	营业税金及附加（万元）
合计	**330 522.45**	**339 829.36**	**8 282.06**	**3 743.54**
（一）旅行社	42 709.88	232 773.80	430.44	889.32
（二）星级饭店	198 103.45	73 713.66	1 320.07	1 804.60
内资饭店	198 103.45	73 713.66	1 320.07	1 804.60
外资饭店	—	—	—	—
（三）旅游景区	89 709.12	33 341.90	6 531.55	1 049.62

企业主要经济指标

利润率（%）	全员劳动生产率（万元/人）	人均实现利润（万元/人）	人均固定资产原价（万元/人）	从业人员（人）	企业数（家）
-2.92	**23.16**	**-0.68**	**49.65**	**19 316**	**407**
0.00	77.78	-0.03	17.09	1 153	278
-4.34	20.12	-0.87	55.21	15 944	110
-3.94	19.58	-0.77	53.26	13 850	104
-6.54	23.71	-1.55	68.11	2 094	6
2.43	22.04	0.54	35.19	2 219	19

企业主要经济指标

利润率（%）	全员劳动生产率（万元/人）	人均实现利润（万元/人）	人均固定资产原价（万元/人）	从业人员（人）	企业数（家）
2.44	**38.47**	**0.94**	**37.42**	**8 833**	**223**
0.02	101.21	0.19	18.57	2 300	162
1.79	16.09	0.29	43.24	4 581	46
1.79	16.09	0.29	43.24	4 581	46
—	—	—	—	—	0
19.59	31.88	6.24	85.76	1 952	15

4-11 福州市旅游

	固定资产原价（万元）	营业收入（万元）	利润（万元）	营业税金及附加（万元）
合计	**366 742.71**	**1 390 017.75**	**23 186.23**	**9 950.19**
（一）旅行社	99 754.11	1 201 191.00	9 164.32	4 479.35
（二）星级饭店	252 299.17	176 104.45	13 665.11	4 289.34
内资饭店	174 277.79	137 630.90	9 008.12	3 371.62
外资饭店	78 021.38	38 473.55	4 656.99	917.72
（三）旅游景区	14 689.43	12 722.30	356.80	1 181.50

4-12 厦门市旅游

	固定资产原价（万元）	营业收入（万元）	利润（万元）	营业税金及附加（万元）
合计	**746 571.22**	**1 215 994.90**	**33 976.62**	**12 915.93**
（一）旅行社	253 489.40	896 234.90	2 880.68	3 855.76
（二）星级饭店	460 259.71	301 981.54	22 973.20	8 784.44
内资饭店	252 622.21	198 751.54	16 795.87	6 173.03
外资饭店	207 637.50	103 230.00	6 177.33	2 611.41
（三）旅游景区	32 822.11	17 778.46	8 122.74	275.73

企业主要经济指标

利润率 （%）	全员劳动 生产率 （万元/人）	人均实现 利润 （万元/人）	人均固定资产 原价 （万元/人）	从业人员 （人）	企业数 （家）
1.67	**87.33**	**1.46**	**23.04**	**15 917**	**187**
0.08	205.75	1.57	17.09	5 838	138
7.76	18.79	1.46	26.92	9 372	45
6.55	18.64	1.22	23.61	7 383	37
12.10	19.34	2.34	39.23	1 989	8
2.80	25.24	0.71	29.15	707	4

企业主要经济指标

利润率 （%）	全员劳动 生产率 （万元/人）	人均实现 利润 （万元/人）	人均固定资产 原价 （万元/人）	从业人员 （人）	企业数 （家）
2.79	**52.28**	**1.46**	**32.10**	**23 261**	**312**
0.03	137.27	0.44	38.83	6 529	235
7.61	18.55	1.41	28.28	16 277	69
8.45	17.27	1.46	21.95	11 508	55
5.98	21.65	1.30	43.54	4 769	14
45.69	41.35	18.89	76.33	455	8

4-13 青岛市旅游

	固定资产原价（万元）	营业收入（万元）	利润（万元）	营业税金及附加（万元）
合计	**1 149 767.16**	**1 099 053.47**	**24 073.27**	**14 312.28**
（一）旅行社	99 880.05	590 306.90	13 472.09	6 030.31
（二）星级饭店	794 663.95	287 427.03	–6 096.66	5 012.34
内资饭店	562 467.95	230 042.86	–4 317.17	4 073.11
外资饭店	232 196.00	57 384.17	–1 779.49	939.23
（三）旅游景区	255 223.16	221 319.54	16 697.84	3 269.63

4-14 武汉市旅游

	固定资产原价（万元）	营业收入（万元）	利润（万元）	营业税金及附加（万元）
合计	**912 422.35**	**1 003 017.88**	**–950.42**	**12 948.60**
（一）旅行社	128 797.90	723 624.90	–8 434.80	6 967.56
（二）星级饭店	532 083.58	207 715.10	–5 783.84	5 068.35
内资饭店	384 432.70	157 921.59	–3 317.75	3 662.71
外资饭店	147 650.88	49 793.51	–2 466.09	1 405.63
（三）旅游景区	251 540.87	71 677.88	13 268.22	912.69

企业主要经济指标

利润率（%）	全员劳动生产率（万元/人）	人均实现利润（万元/人）	人均固定资产原价（万元/人）	从业人员（人）	企业数（家）
2.19	**47.82**	**1.05**	**50.02**	**22 985**	**613**
0.23	118.30	2.70	20.02	4 990	482
−2.12	19.29	−0.41	53.34	14 897	107
−1.88	17.86	−0.34	43.66	12 883	99
−3.10	28.49	−0.88	115.29	2 014	8
7.54	90.11	6.80	103.92	3 098	24

企业主要经济指标

利润率（%）	全员劳动生产率（万元/人）	人均实现利润（万元/人）	人均固定资产原价（万元/人）	从业人员（人）	企业数（家）
−0.09	**41.30**	**−0.04**	**37.57**	**24 287**	**425**
−0.12	73.85	−0.86	13.14	9 799	343
−2.78	17.98	−0.50	46.05	11 554	71
−2.10	16.85	−0.35	41.02	9 371	64
−4.95	22.81	−1.13	67.64	2 183	7
18.51	26.16	4.84	91.80	2 934	11

4-15 广州市旅游

	固定资产原价（万元）	营业收入（万元）	利润（万元）	营业税金及附加（万元）
合计	**2 355 089.53**	**3 261 177.40**	**142 555.25**	**35 813.98**
（一）旅行社	512 404.20	2 277 684.00	28 035.39	9 226.39
（二）星级饭店	1 514 567.03	754 494.04	54 351.09	21 738.17
内资饭店	1 105 713.75	583 077.21	51 691.54	17 628.03
外资饭店	408 853.28	171 416.83	2 659.56	4 110.14
（三）旅游景区	328 118.30	228 999.36	60 168.77	4 849.42

4-16 深圳市旅游

	固定资产原价（万元）	营业收入（万元）	利润（万元）	营业税金及附加（万元）
合计	**2 297 699.73**	**3 078 818.81**	**101 543.05**	**33 128.88**
（一）旅行社	649 885.20	2 276 297.00	2 900.03	6 937.04
（二）星级饭店	1 029 744.71	588 917.48	46 869.50	19 354.72
内资饭店	991 898.94	533 930.53	38 420.68	18 062.42
外资饭店	37 845.77	54 986.95	8 448.82	1 292.30
（三）旅游景区	618 069.82	213 604.33	51 773.52	6 837.12

企业主要经济指标

利润率（%）	全员劳动生产率（万元/人）	人均实现利润（万元/人）	人均固定资产原价（万元/人）	从业人员（人）	企业数（家）
4.37	**56.43**	**2.47**	**40.75**	**57 790**	**554**
0.12	145.46	1.79	32.72	15 659	355
7.20	23.03	1.66	46.24	32 758	171
8.87	21.36	1.89	40.50	27 299	152
1.55	31.40	0.49	74.90	5 459	19
26.27	27.60	7.25	39.55	9 373	28

企业主要经济指标

利润率（%）	全员劳动生产率（万元/人）	人均实现利润（万元/人）	人均固定资产原价（万元/人）	从业人员（人）	企业数（家）
3.30	**63.83**	**2.11**	**47.63**	**48 236**	**759**
0.01	152.51	0.19	43.54	14 926	633
7.96	22.86	1.82	39.98	25 759	110
7.20	22.87	1.65	42.49	23 346	101
15.37	22.79	3.50	15.68	2 413	9
24.24	28.45	6.90	82.32	7 551	16

4-17 珠海市旅游

	固定资产原价（万元）	营业收入（万元）	利润（万元）	营业税金及附加（万元）
合计	**2 800 984.97**	**584 249.57**	**-38 920.74**	**15 140.21**
（一）旅行社	27 457.81	131 123.00	252.24	2 111.59
（二）星级饭店	1 400 626.02	97 653.02	-35 924.53	2 398.74
内资饭店	1 400 626.02	97 653.02	-35 924.53	2 398.74
外资饭店	—	—	—	—
（三）旅游景区	1 372 901.14	355 473.55	-3 248.45	10 629.88

4-18 中山市旅游

	固定资产原价（万元）	营业收入（万元）	利润（万元）	营业税金及附加（万元）
合计	**46 857.61**	**130 720.83**	**1 092.61**	**1 405.40**
（一）旅行社	21 085.85	102 151.50	1 077.32	732.31
（二）星级饭店	25 270.14	28 072.88	6.45	666.95
内资饭店	16 900.84	20 471.28	288.45	494.25
外资饭店	8 369.30	7 601.60	-282.00	172.70
（三）旅游景区	501.62	496.45	8.84	6.14

企业主要经济指标

利润率 （%）	全员劳动生产率 （万元/人）	人均实现利润 （万元/人）	人均固定资产原价 （万元/人）	从业人员 （人）	企业数 （家）
-6.66	**29.32**	**-1.95**	**140.57**	**19 926**	**271**
0.02	118.56	0.23	24.83	1 106	198
-36.79	12.99	-4.78	186.30	7 518	63
-36.79	12.99	-4.78	186.30	7 518	63
—	—	—	—	—	—
-0.91	32.77	-0.30	126.57	11 302	10

企业主要经济指标

利润率 （%）	全员劳动生产率 （万元/人）	人均实现利润 （万元/人）	人均固定资产原价 （万元/人）	从业人员 （人）	企业数 （家）
0.84	**42.06**	**0.35**	**15.08**	**3 108**	**75**
0.11	92.11	0.97	19.01	1 109	60
0.02	15.00	0.00	13.50	1 872	14
1.41	13.79	0.19	11.39	1 484	13
-3.71	19.59	-0.73	21.57	388	1
1.78	8.27	0.15	8.36	127	1

4-19 桂林市旅游

	固定资产 原　价 （万元）	营业收入 （万元）	利　润 （万元）	营业税金 及附加 （万元）
合　计	**370 669.65**	**272 209.27**	**-9 082.20**	**3 535.64**
（一）旅行社	51 609.51	195 397.90	1 292.39	947.02
（二）星级饭店	318 558.52	76 314.92	-10 383.43	2 582.48
内资饭店	2748 91.62	66 766.82	-6 798.03	2 436.68
外资饭店	43 666.90	9 548.10	-3 585.40	145.80
（三）旅游景区	501.62	496.45	8.84	6.14

4-20 海口市旅游

	固定资产 原　价 （万元）	营业收入 （万元）	利　润 （万元）	营业税金 及附加 （万元）
合　计	**420 577.10**	**441 530.28**	**-18 502.99**	**4 997.02**
（一）旅行社	141 875.80	347 883.50	2 550.60	2 422.31
（二）星级饭店	278 448.42	93 026.66	-20 895.33	2 553.08
内资饭店	225 763.37	87 032.19	-17 545.86	2 424.17
外资饭店	52 685.05	5 994.47	-3 349.47	128.90
（三）旅游景区	252.88	620.12	-158.26	21.63

企业主要经济指标

利润率 （%）	全员劳动生产率 （万元/人）	人均实现利润 （万元/人）	人均固定资产原价 （万元/人）	从业人员 （人）	企业数 （家）
-3.34	**32.17**	**-1.07**	**43.81**	**8 461**	**230**
0.07	76.15	0.50	20.11	2 566	172
-13.61	13.23	-1.80	55.23	5 768	57
-10.18	13.23	-1.35	54.49	5 045	54
-37.55	13.21	-4.96	60.40	723	3
1.78	8.27	0.15	8.36	127	1

企业主要经济指标

利润率 （%）	全员劳动生产率 （万元/人）	人均实现利润 （万元/人）	人均固定资产原价 （万元/人）	从业人员 （人）	企业数 （家）
-4.19	**46.03**	**-1.93**	**43.85**	**9 592**	**230**
0.07	99.48	0.73	40.57	3 497	190
-22.46	15.67	-3.52	46.89	5 938	39
-20.16	15.49	-3.12	40.17	5 620	37
-55.88	18.85	-10.53	165.68	318	2
-25.52	—	—	—	157	1

4–21 成都市旅游

	固定资产原价（万元）	营业收入（万元）	利润（万元）	营业税金及附加（万元）
合计	**2 477 568.56**	**862 540.44**	**41 243.36**	**13 023.90**
（一）旅行社	1 418 719.00	516 226.60	23 509.95	4 397.09
（二）星级饭店	639 628.68	214 707.99	–8 479.53	5 639.82
内资饭店	378 682.33	182 081.51	6 646.47	4 730.28
外资饭店	260 946.34	32 626.48	–15 126.00	909.54
（三）旅游景区	419 220.88	131 605.85	26 212.94	2 986.99

4–22 昆明市旅游

	固定资产原价（万元）	营业收入（万元）	利润（万元）	营业税金及附加（万元）
合计	**688 076.84**	**540 546.26**	**2 817.88**	**12 734.83**
（一）旅行社	150 001.00	421 763.50	665.21	1 323.40
（二）星级饭店	538 075.84	118 782.76	2 152.67	11 411.43
内资饭店	454 281.79	105 574.33	1 983.96	10 369.65
外资饭店	83 794.05	13 208.43	168.70	1 041.78
（三）旅游景区	—	—	—	—

企业主要经济指标

利润率 （%）	全员劳动生产率 （万元/人）	人均实现利润 （万元/人）	人均固定资产原价 （万元/人）	从业人员 （人）	企业数 （家）
4.78	**46.64**	**2.23**	**133.96**	**18 495**	**361**
0.46	107.35	4.89	295.01	4 809	291
–3.95	18.56	–0.73	55.28	11 571	60
3.65	19.32	0.71	40.18	9 425	53
–46.36	15.20	–7.05	121.60	2 146	7
19.92	75.59	15.06	240.79	2 115	10

企业主要经济指标

利润率 （%）	全员劳动生产率 （万元/人）	人均实现利润 （万元/人）	人均固定资产原价 （万元/人）	从业人员 （人）	企业数 （家）
0.52	**29.67**	**0.15**	**37.77**	**18 216**	**400**
0.02	109.27	0.17	38.86	3 860	334
1.81	8.27	0.15	37.48	14 356	66
1.88	7.91	0.15	34.05	13 341	62
1.28	13.01	0.17	82.56	1 015	4
—	—	—	—	—	—

4-23 西安市旅游

	固定资产原价（万元）	营业收入（万元）	利润（万元）	营业税金及附加（万元）
合计	**1 133 628.17**	**1 042 219.77**	**–8 942.45**	**11 121.17**
（一）旅行社	170 750.70	663 383.80	–309.25	1 613.95
（二）星级饭店	720 391.40	236 108.09	–216.21	5 715.84
内资饭店	566 323.77	184 795.35	–3 765.41	4 626.83
外资饭店	154 067.63	51 312.74	3 549.19	1 089.01
（三）旅游景区	242 486.07	142 727.88	–8 416.99	3 791.38

企业主要经济指标

利润率 （%）	全员劳动生产率（万元/人）	人均实现利润（万元/人）	人均固定资产原价（万元/人）	从业人员（人）	企业数（家）
–0.86	**33.77**	**–0.29**	**36.73**	**30 865**	**497**
0.00	81.93	–0.04	21.09	8 097	395
–0.09	15.75	–0.01	48.07	14 987	68
–2.04	14.76	–0.30	45.25	12 516	60
6.92	20.77	1.44	62.35	2 471	8
–5.90	21.31	–1.26	36.20	7 781	34

下篇

全国星级饭店综合资料

五、全国星级饭店综合资料

5-1 全国星级饭店

饭店注册登记类型和星级		饭店数（家）	客房数（间/套）	床位数（张）
饭店注册登记类型	**合　计**	**9 861**	**1 420 489**	**2 482 841**
	国有企业	2 254	334 473	588 444
	集体企业	303	32 868	59 892
	股份合作企业	246	29 632	57 510
	国有联营	17	3 079	5 569
	集体联营	19	1 949	3 217
	国有与集体联营	8	778	1 432
	其他联营	24	3 306	5 554
	国有独资公司	297	48 597	78 731
	其他有限责任公司	663	111 651	186 771
	股份有限公司	652	97 948	174 230
	私营独资	1 860	185 845	338 402
	私营合伙	305	31 220	59 781
	私营有限责任公司	1 955	270 856	469 375
	私营股份有限公司	237	33 275	59 179
	其他	642	135 930	246 550
	与港澳台商合资经营	70	18 368	27 541
	与港澳台商合作经营	26	7 210	10 483
	港澳台商独资	80	21 183	32 046
	港澳台商投资股份有限公司	14	3 107	4 276
	中外合资经营	86	20 991	31 596
	中外合作经营	22	6 907	10 232
	外资企业	60	15 990	24 266
	外商投资股份有限公司	21	5 326	7 764
饭店星级	**合　计**	**9 861**	**1 420 489**	**2 482 841**
	五星级	800	274 554	418 259
	四星级	2 363	470 125	793 504
	三星级	4 856	548 906	1 009 713
	二星级	1 771	123 760	252 163
	一星级	71	3 144	9 202

综合情况

客房出租率（%）	营业收入（万元）	营业税金及附加（万元）	固定资产原价（万元）
54.73	**20 272 601.02**	**668 668.67**	**51 745 355.75**
54.52	4 837 296.56	131 497.19	13 501 329.67
53.35	391 560.14	10 941.26	922 869.28
53.14	308 553.27	8 962.57	826 144.28
60.31	22 164.24	694.75	90 714.33
54.55	14 333.39	349.39	45 842.13
50.44	9 574.69	13 208.00	62 958.17
55.20	37 021.81	842.71	61 417.73
59.24	934 651.58	25 732.84	2 028 923.07
54.51	1 774 448.01	47 001.76	4 033 129.88
54.60	1 291 929.67	38 730.72	3 193 477.59
50.80	1 585 849.55	98 308.89	3 615 088.72
52.16	305 196.79	11 433.41	654 649.03
52.35	2 869 941.92	119 994.44	6 704 920.91
55.08	336 576.57	9 711.25	725 852.96
61.82	3 091 890.03	88 331.38	8 603 962.73
61.94	444 067.08	10 312.44	1 156 856.78
56.86	152 375.90	3 650.44	283 307.71
57.68	545 613.88	18 394.87	1 655 624.98
56.32	93 468.27	2 900.57	296 251.36
58.03	541 554.61	12 783.15	1 274 769.42
59.69	153 429.76	3 410.82	290 239.93
56.78	315 272.15	7 316.13	1 271 998.99
68.02	215 831.14	4 159.70	445 026.11
54.73	**20 272 601.02**	**668 668.67**	**51 745 355.75**
58.57	7 637 071.96	206 271.99	20 223 073.16
55.62	7 038 573.06	192 496.71	18 141 819.05
52.52	4 831 587.01	225 973.30	10 577 054.87
52.37	753 793.16	40 533.20	2 779 261.47
52.18	11 575.82	3 393.48	24 147.19

5–2 全国星级饭店

地 区	总计	国有企业	集体企业	股份合作企业	国有联营	集体联营	国有与集体联营	其他联营	国有独资公司	其他有限责任公司	股份有限公司	私营独资
总 计	**9 861**	**2 254**	**303**	**246**	**17**	**19**	**8**	**24**	**297**	**663**	**652**	**1 860**
北 京	416	1	0	0	0	0	0	0	0	5	0	0
天 津	84	28	4	0	0	0	0	0	1	1	4	9
河 北	350	111	14	11	0	0	1	0	0	34	21	48
山 西	194	70	6	6	0	1	0	0	1	13	18	22
内蒙古	175	43	3	4	0	0	0	1	1	12	10	44
辽 宁	349	89	14	1	1	0	1	1	3	23	23	80
吉 林	169	53	17	2	0	3	0	2	0	3	5	34
黑龙江	198	66	5	7	0	0	0	0	0	9	16	53
上 海	227	82	10	3	1	0	1	0	15	20	13	9
江 苏	561	97	15	10	0	0	0	0	222	0	41	138
浙 江	651	95	33	24	1	1	1	5	3	40	72	67
安 徽	312	77	8	9	0	0	0	0	0	26	29	51
福 建	334	80	8	6	0	0	0	0	1	19	17	31
江 西	290	80	2	6	0	0	0	0	0	13	23	45
山 东	622	189	36	21	0	4	1	7	1	48	66	79
河 南	411	119	22	15	1	0	0	0	0	39	40	54
湖 北	364	98	11	12	2	0	0	1	3	27	17	59
湖 南	419	90	5	26	1	0	0	0	0	9	41	112
广 东	723	94	17	9	4	2	0	1	24	101	20	92
广 西	410	72	6	5	1	1	0	1	1	32	25	123
海 南	124	31	0	4	1	1	0	0	1	26	3	13
重 庆	197	52	6	3	0	0	0	0	1	9	9	33
四 川	298	65	3	3	0	1	0	0	4	50	26	60
贵 州	266	53	1	5	1	0	0	0	2	10	18	93
云 南	559	103	25	10	0	2	0	3	2	15	26	256
西 藏	68	14	4	0	1	2	0	1	0	2	2	20
陕 西	275	83	5	23	0	1	0	0	4	27	14	35
甘 肃	299	86	12	4	0	0	3	1	1	21	19	62
青 海	76	14	3	2	0	0	0	0	0	3	3	31
宁 夏	90	8	2	10	1	0	0	0	3	7	7	15
新 疆	350	111	6	5	1	0	0	0	3	19	24	92

的注册登记类型

单位：家

私营合伙	私营有限责任公司	私营股份有限公司	其他	与港澳台商合资经营	与港澳台商合作经营	港澳台商独资	港澳台商投资股份有限公司	中外合资经营	中外合作经营	外资企业	外商投资股份有限公司
305	**1 955**	**237**	**642**	**70**	**26**	**80**	**14**	**86**	**22**	**60**	**21**
0	0	0	407	2	0	0	0	1	0	0	0
0	26	0	6	0	2	0	0	1	0	1	1
3	90	9	1	2	0	1	1	2	0	0	1
3	48	4	1	1	0	0	0	0	0	0	0
2	51	0	1	0	0	2	0	0	0	0	1
4	68	8	1	4	2	4	0	13	1	6	2
2	32	3	11	1	0	0	0	0	0	1	0
1	36	2	1	1	0	0	0	0	0	1	0
0	25	5	11	8	1	7	0	7	4	0	5
0	0	0	10	5	0	8	0	7	2	4	2
54	209	15	0	2	0	5	9	7	0	5	3
6	85	14	0	1	0	3	0	1	0	2	0
24	96	12	0	5	0	11	1	12	4	7	0
16	81	15	0	1	0	2	1	2	0	1	2
4	138	8	3	5	0	4	0	6	0	0	2
7	87	13	6	2	1	0	0	4	1	0	0
28	71	12	9	0	2	5	0	2	0	4	1
21	76	28	2	2	0	1	1	2	0	2	0
11	120	13	151	7	15	16	1	8	6	11	0
32	86	17	1	2	0	5	0	0	0	0	0
2	19	6	2	6	2	1	0	2	0	4	0
14	57	7	0	3	0	0	0	0	0	2	1
9	52	10	6	4	0	1	0	1	1	2	0
11	62	6	0	1	0	1	0	1	0	1	0
18	78	7	4	4	0	0	0	2	1	3	0
5	15	0	0	0	0	0	0	0	0	2	0
7	54	6	7	1	1	2	0	2	2	1	0
2	75	11	0	0	0	1	0	1	0	0	0
3	17	0	0	0	0	0	0	0	0	0	0
3	32	1	0	0	0	0	0	1	0	0	0
13	69	5	1	0	0	0	0	1	0	0	0

5-3 全国星级

地 区	饭店数（家）	客房数（间/套）	床位数（张）
总 计	**9 861**	**1 420 489**	**2 482 841**
北 京	416	101 027	169 756
天 津	84	16 658	25 540
河 北	350	50 631	90 978
山 西	194	25 382	45 208
内蒙古	175	22 144	39 152
辽 宁	349	50 147	84 207
吉 林	169	15 692	27 967
黑龙江	198	21 465	40 187
上 海	227	57 530	85 995
江 苏	561	82 396	131 139
浙 江	651	101 086	168 215
安 徽	312	44 273	75 955
福 建	334	53 967	85 297
江 西	290	39 575	67 023
山 东	622	86 555	158 920
河 南	411	53 925	99 683
湖 北	364	47 335	80 077
湖 南	419	52 945	91 471
广 东	723	121 437	222 191
广 西	410	52 621	99 001
海 南	124	26 896	45 004
重 庆	197	28 757	50 380
四 川	298	43 794	72 847
贵 州	266	28 030	54 057
云 南	559	56 632	108 578
西 藏	68	6 812	13 834
陕 西	275	38 608	71 397
甘 肃	299	32 495	65 297
青 海	76	7 654	15 562
宁 夏	90	9 980	17 275
新 疆	350	44 040	80 648

饭店地区分布

客　房 出租率 （%）	营业收入 （万元）	营业税金 及 附 加 （万元）	固定资产 原　　价 （万元）
54.73	**20 272 601.02**	**668 668.67**	**51 745 355.75**
61.65	2 535 986.70	69 941.40	6 604 386.10
55.27	247 646.17	5 493.82	499 707.36
44.38	495 356.56	11 828.62	1 573 815.06
45.72	220 253.78	5 410.05	858 063.00
47.01	225 146.15	6 761.41	948 055.62
47.86	456 072.87	12 638.90	1 768 683.76
47.62	153 795.10	8 023.14	569 956.44
42.97	184 926.91	5 240.00	597 419.95
68.31	2 000 097.89	49 206.68	3 309 937.24
58.43	1 580 282.83	40 970.20	3 426 898.61
55.90	1 948 064.49	50 828.52	4 327 925.69
50.71	494 689.70	14 607.76	1 343 065.55
57.68	862 888.22	27 175.83	1 460 403.19
51.20	340 908.19	49 405.27	799 629.79
54.77	1 105 877.99	25 030.63	3 062 118.48
51.41	561 872.85	17 621.69	1 341 687.85
55.89	472 755.13	12 836.26	1 228 134.62
61.79	630 550.67	58 141.57	1 590 280.80
55.96	2 112 000.12	65 034.60	5 653 501.77
54.10	395 180.01	13 195.85	979 706.17
58.19	439 296.51	14 240.60	1 130 030.66
55.18	411 902.27	11 131.08	948 841.91
56.36	557 416.00	15 499.28	1 577 537.45
54.92	256 522.63	6 529.28	618 068.94
54.84	371 588.37	22 379.08	1 623 579.21
51.93	55 773.50	3 111.86	341 528.64
53.19	419 017.19	10 090.45	1 284 688.03
46.90	233 714.25	23 124.30	714 975.67
43.05	66 884.66	1 319.79	174 704.16
46.26	76 248.38	2 467.95	243 622.75
48.19	359 884.91	9 382.81	1 144 401.30

5-4 全国星级饭店的星级构成

单位：家

地　区	星级饭店总数	五星级	四星级	三星级	二星级	一星级
总　计	**9 861**	**800**	**2 363**	**4 856**	**1 771**	**71**
北　京	416	59	118	161	77	1
天　津	84	15	35	28	6	0
河　北	350	20	124	159	45	2
山　西	194	16	52	100	26	0
内蒙古	175	10	28	78	59	0
辽　宁	349	25	72	186	64	2
吉　林	169	3	42	87	37	0
黑龙江	198	6	46	109	36	1
上　海	227	67	66	67	26	1
江　苏	561	85	156	251	69	0
浙　江	651	78	164	283	121	5
安　徽	312	23	106	142	40	1
福　建	334	47	122	149	15	1
江　西	290	14	93	162	21	0
山　东	622	30	146	378	68	0
河　南	411	17	84	242	65	3
湖　北	364	19	78	171	91	5
湖　南	419	18	64	222	113	2
广　东	723	107	145	403	66	2
广　西	410	11	83	231	85	0
海　南	124	25	39	52	5	3
重　庆	197	28	48	94	27	0
四　川	298	21	80	127	68	2
贵　州	266	6	56	115	76	13
云　南	559	17	71	210	239	22
西　藏	68	2	27	20	17	2
陕　西	275	14	41	170	50	0
甘　肃	299	3	66	155	72	3
青　海	76	2	19	31	24	0
宁　夏	90	0	35	49	6	0
新　疆	350	12	57	224	57	0

5-5 全国星级饭店的营业收入总额

单位：万元

地　区	营业收入		
		#客房	#餐饮
总　计	**20 272 601.02**	**9 079 297.80**	**8 373 365.82**
北　京	2 535 986.70	1 251 352.10	751 027.00
天　津	247 646.17	122 825.00	90 638.49
河　北	495 356.56	194 116.15	230 989.56
山　西	220 253.78	91 893.83	105 706.54
内蒙古	225 146.15	90 401.13	110 975.53
辽　宁	456 072.87	208 706.90	190 306.92
吉　林	153 795.10	70 594.31	70 817.81
黑龙江	184 926.91	94 794.74	63 438.93
上　海	2 000 097.89	1 000 676.60	676 535.54
江　苏	1 580 282.83	582 314.40	869 388.27
浙　江	1 948 064.49	708 852.60	943 257.77
安　徽	494 689.70	206 444.95	245 753.90
福　建	862 888.22	387 703.90	387 031.42
江　西	340 908.19	159 338.06	141 578.32
山　东	1 105 877.99	432 933.72	555 414.68
河　南	561 872.85	220 547.46	259 697.48
湖　北	472 755.13	232 427.93	189 583.24
湖　南	630 550.67	271 789.33	278 105.74
广　东	2 112 000.12	930 144.72	875 898.31
广　西	395 180.01	194 403.98	153 958.21
海　南	439 296.51	262 644.24	116 462.78
重　庆	411 902.27	182 339.48	155 099.95
四　川	557 416.00	255 287.33	197 579.51
贵　州	256 522.63	147 252.00	83 646.26
云　南	371 588.37	215 097.60	114 060.86
西　藏	55 773.50	34 961.78	12 744.85
陕　西	419 017.19	186 119.03	200 514.79
甘　肃	233 714.25	114 564.81	99 685.77
青　海	66 884.66	31 853.58	28 809.88
宁　夏	76 248.38	33 765.80	37 964.35
新　疆	359 884.91	163 150.33	136 693.17

5-6 全国星级饭店的营业收入构成

地　区	营业收入（万元）		
		#客房（%）	#餐饮（%）
总　计	**20 272 601.02**	**44.79**	**41.30**
北　京	2 535 986.70	49.34	29.61
天　津	247 646.17	49.60	36.60
河　北	495 356.56	39.19	46.63
山　西	220 253.78	41.72	47.99
内蒙古	225 146.15	40.15	49.29
辽　宁	456 072.87	45.76	41.73
吉　林	153 795.10	45.90	46.05
黑龙江	184 926.91	51.26	34.30
上　海	2 000 097.89	50.03	33.83
江　苏	1 580 282.83	36.85	55.01
浙　江	1 948 064.49	36.39	48.42
安　徽	494 689.70	41.73	49.68
福　建	862 888.22	44.93	44.85
江　西	340 908.19	46.74	41.53
山　东	1 105 877.99	39.15	50.22
河　南	561 872.85	39.25	46.22
湖　北	472 755.13	49.16	40.10
湖　南	630 550.67	43.10	44.11
广　东	2 112 000.12	44.04	41.47
广　西	395 180.01	49.19	38.96
海　南	439 296.51	59.79	26.51
重　庆	411 902.27	44.27	37.65
四　川	557 416.00	45.80	35.45
贵　州	256 522.63	57.40	32.61
云　南	371 588.37	57.89	30.70
西　藏	55 773.50	62.69	22.85
陕　西	419 017.19	44.42	47.85
甘　肃	233 714.25	49.02	42.65
青　海	66 884.66	47.62	43.07
宁　夏	76 248.38	44.28	49.79
新　疆	359 884.91	45.33	37.98

5-7 全国星级饭店每间客房的收益

地　区	饭店数 （家）	饭店规模		客　房 出租率 （%）	每间客房 年收入 （万元）
		客房数（间/套）	床位数（张）		
总　计	**9 861**	**1 420 489**	**2 482 841**	**54.73**	**14.27**
北　京	416	101 027	169 756	61.65	25.10
天　津	84	16 658	25 540	55.27	14.87
河　北	350	50 631	90 978	44.38	9.78
山　西	194	25 382	45 208	45.72	8.68
内蒙古	175	22 144	39 152	47.01	10.17
辽　宁	349	50 147	84 207	47.86	9.09
吉　林	169	15 692	27 967	47.62	9.80
黑龙江	198	21 465	40 187	42.97	8.62
上　海	227	57 530	85 995	68.31	34.77
江　苏	561	82 396	131 139	58.43	19.18
浙　江	651	101 086	168 215	55.90	19.27
安　徽	312	44 273	75 955	50.71	11.17
福　建	334	53 967	85 297	57.68	15.99
江　西	290	39 575	67 023	51.20	8.61
山　东	622	86 555	158 920	54.77	12.78
河　南	411	53 925	99 683	51.41	10.42
湖　北	364	47 335	80 077	55.89	9.99
湖　南	419	52 945	91 471	61.79	11.91
广　东	723	121 437	222 191	55.96	17.39
广　西	410	52 621	99 001	54.10	7.51
海　南	124	26 896	45 004	58.19	16.33
重　庆	197	28 757	50 380	55.18	14.32
四　川	298	43 794	72 847	56.36	12.73
贵　州	266	28 030	54 057	54.92	9.15
云　南	559	56 632	108 578	54.84	6.56
西　藏	68	6 812	13 834	51.93	8.19
陕　西	275	38 608	71 397	53.19	10.85
甘　肃	299	32 495	65 297	46.90	7.19
青　海	76	7 654	15 562	43.05	8.74
宁　夏	90	9 980	17 275	46.26	7.64
新　疆	350	44 040	80 648	48.19	8.17

5-8 全国星级饭店的人均效益

地　区	全员劳动生产率（万元/人）	人均实现利润（万元/人）	人均占用固定资产原价（万元/人）	年末从业人员（人）
总　计	**15.67**	**-0.11**	**40.62**	**1 344 503**
北　京	27.33	0.75	69.32	99 502
天　津	17.94	-2.45	39.94	13 205
河　北	11.10	-2.50	39.56	47 330
山　西	9.10	-1.92	36.61	24 521
内蒙古	11.39	-1.53	41.58	24 256
辽　宁	14.54	-2.01	51.70	39 490
吉　林	11.90	-1.48	38.21	14 480
黑龙江	14.36	-0.43	42.23	13 852
上　海	35.69	4.18	63.32	53 930
江　苏	19.56	-0.32	38.65	84 728
浙　江	20.39	-0.80	45.94	98 288
安　徽	11.77	-0.63	32.62	42 706
福　建	16.10	-0.17	26.08	55 890
江　西	13.50	0.09	29.78	26 598
山　东	13.82	-0.73	36.56	83 645
河　南	10.85	-1.11	24.64	34 066
湖　北	9.95	-0.34	26.93	46 727
湖　南	12.77	-0.42	30.00	50 472
广　东	15.95	2.00	56.28	132 474
广　西	5.74	-0.35	13.97	68 957
海　南	20.42	1.10	46.90	21 369
重　庆	15.06	-0.74	34.54	28 524
四　川	14.39	-0.28	40.37	49 329
贵　州	12.10	-0.02	28.73	21 104
云　南	8.94	0.02	35.86	50 767
西　藏	7.00	-0.18	38.47	7 325
陕　西	10.53	-0.46	27.05	47 189
甘　肃	11.97	0.07	31.30	21 869
青　海	12.07	0.20	30.26	7 924
宁　夏	12.06	-1.15	62.67	6 482
新　疆	13.91	-1.01	36.30	27 504

六、全国五星级饭店综合资料

6–1 全国五星级饭店

饭店注册登记类型	饭店数（家）	客房数（间/套）	床位数（张）
合　计	**800**	**274 554**	**418 259**
国有企业	141	47 025	68 797
集体企业	8	2 962	4 504
股份合作企业	9	3 020	4 935
国有联营	1	195	375
集体联营	—	—	—
国有与集体联营	—	—	—
其他联营	4	1 091	1 681
国有独资公司	46	14 363	20 802
其他有限责任公司	78	27 143	41 024
股份有限公司	45	14 395	24 835
私营独资	73	21 989	33 537
私营合伙	11	3 229	4 450
私营有限责任公司	121	38 799	58 574
私营股份有限公司	21	6 678	12 002
其他	90	37 256	62 355
与港澳台商合资经营	26	10 438	15 096
与港澳台商合作经营	8	3 257	3 956
港澳台商独资	31	11 866	16 885
港澳台商投资股份有限公司	6	1 919	2 768
中外合资经营	32	11 064	15 593
中外合作经营	8	3 167	4 442
外资企业	31	10 837	16 272
外商投资股份有限公司	10	3 861	5 376

综合情况

客　房 出租率 （%）	营业收入 （万元）	营业税金 及 附 加 （万元）	固定资产 原　　价 （万元）
58.57	**7 637 071.96**	**206 271.99**	**20 223 073.16**
57.87	1 274 074.75	33 705.42	4 150 984.71
54.04	70 171.65	1 625.97	240 436.99
60.22	47 730.62	1 018.69	237 472.77
49.55	2 507.70	50.40	16 974.70
—	—	—	—
—	—	—	—
54.21	21 723.85	445.92	4 843.55
60.63	376 914.39	9 803.54	1 053 270.91
54.99	760 975.36	18 160.89	1 975 072.73
57.04	357 161.04	12 418.38	1 162 066.95
55.97	465 045.65	14 464.56	817 004.68
51.58	77 271.30	3 353.90	216 820.80
53.52	786 584.83	18 337.37	2 057 793.59
61.88	129 744.74	2 933.71	270 687.85
65.56	1 413 824.92	43 597.94	3 269 780.16
65.11	322 105.46	7 277.09	828 058.21
55.26	87 903.10	1 737.18	44 693.48
58.29	422 230.52	14 747.60	1 341 989.26
64.54	68 377.10	1 877.10	191 089.10
61.23	398 167.00	9 142.46	801 001.96
64.26	101 539.26	2 216.93	153 124.60
55.61	257 141.28	5 495.26	968 494.96
72.32	195 877.44	3 861.70	421 411.21

6-2 全国五星级饭店

地区	总计	国有企业	集体企业	股份合作企业	国有联营	集体联营	国有与集体联营	其他联营	国有独资公司	其他有限责任公司	股份有限公司	私营独资
总计	**800**	**141**	**8**	**9**	**1**	**0**	**0**	**4**	**46**	**78**	**45**	**73**
北京	59	0	0	0	0	0	0	0	0	2	0	0
天津	15	8	0	0	0	0	0	0	0	0	0	0
河北	20	2	0	0	0	0	0	0	0	2	1	5
山西	16	4	1	0	0	0	0	0	0	2	1	1
内蒙古	10	3	0	0	0	0	0	0	0	2	0	0
辽宁	25	3	0	0	0	0	0	0	0	5	2	5
吉林	3	0	0	0	0	0	0	1	0	0	0	0
黑龙江	6	0	0	0	0	0	0	0	0	1	0	2
上海	67	18	3	0	0	0	0	0	4	4	2	2
江苏	85	15	2	1	0	0	0	0	34	0	4	11
浙江	78	12	0	2	0	0	0	3	0	5	8	7
安徽	23	7	0	0	0	0	0	0	0	2	6	1
福建	47	6	0	0	0	0	0	0	0	2	3	4
江西	14	5	0	0	0	0	0	0	0	1	0	3
山东	30	8	1	0	0	0	0	0	0	6	2	2
河南	17	2	0	1	1	0	0	0	0	4	3	0
湖北	19	3	1	1	0	0	0	0	0	3	1	4
湖南	18	5	0	1	0	0	0	0	0	2	3	3
广东	107	7	0	1	0	0	0	0	5	15	1	6
广西	11	1	0	1	0	0	0	0	0	3	1	1
海南	25	6	0	0	0	0	0	0	1	5	0	1
重庆	28	3	0	0	0	0	0	0	0	1	2	6
四川	21	6	0	0	0	0	0	0	1	4	1	1
贵州	6	4	0	0	0	0	0	0	0	0	1	0
云南	17	2	0	0	0	0	0	0	0	1	3	5
西藏	2	0	0	0	0	0	0	0	0	1	0	0
陕西	14	3	0	1	0	0	0	0	0	2	0	3
甘肃	3	2	0	0	0	0	0	0	0	0	0	0
青海	2	1	0	0	0	0	0	0	0	0	0	0
宁夏	0	0	0	0	0	0	0	0	0	0	0	0
新疆	12	5	0	0	0	0	0	0	1	3	0	0

的注册登记类型

单位：家

私营合伙	私营有限责任公司	私营股份有限公司	其他	与港澳台商合资经营	与港澳台商合作经营	港澳台商独资	港澳台商投资股份有限公司	中外合资经营	中外合作经营	外资企业	外商投资股份有限公司
11	**121**	**21**	**90**	**26**	**8**	**31**	**6**	**32**	**8**	**31**	**10**
0	0	0	54	2	0	0	0	1	0	0	0
0	5	0	0	0	1	0	0	1	0	0	0
0	7	2	0	0	0	0	0	1	0	0	0
1	5	0	0	1	0	0	0	0	0	0	0
0	2	0	0	0	0	2	0	0	0	0	1
0	3	1	0	1	1	1	0	1	0	2	0
0	0	0	1	0	0	0	0	0	0	1	0
0	1	1	0	0	0	0	0	0	0	1	0
0	6	2	5	3	1	4	0	6	2	0	5
0	0	0	2	3	0	4	0	4	0	3	2
4	20	0	0	1	0	4	4	5	0	2	1
0	2	3	0	0	0	1	0	0	0	1	0
3	10	3	0	3	0	5	0	2	3	3	0
0	4	0	0	0	0	0	1	0	0	0	0
0	5	1	0	2	0	1	0	2	0	0	0
0	3	0	0	2	1	0	0	0	0	0	0
0	2	0	0	0	1	1	0	1	0	1	0
0	3	1	0	0	0	0	0	0	0	0	0
1	16	3	28	0	3	4	1	4	3	9	0
0	1	1	0	0	0	2	0	0	0	0	0
0	2	2	0	3	0	0	0	2	0	3	0
1	9	1	0	2	0	0	0	0	0	2	1
1	4	0	0	2	0	1	0	0	0	0	0
0	1	0	0	0	0	0	0	0	0	0	0
0	4	0	0	1	0	0	0	0	0	1	0
0	0	0	0	0	0	0	0	0	0	1	0
0	2	0	0	0	0	1	0	1	0	1	0
0	1	0	0	0	0	0	0	0	0	0	0
0	1	0	0	0	0	0	0	0	0	0	0
0	0	0	0	0	0	0	0	0	0	0	0
0	2	0	0	0	0	0	0	1	0	0	0

6–3 全国五星级

地 区	饭店数（家）	客房数（间/套）	床位数（张）
总 计	**800**	**274 554**	**418 259**
北 京	59	27 137	38 671
天 津	15	4 304	5 681
河 北	20	6 063	10 753
山 西	16	4 119	6 514
内蒙古	10	3 758	5 948
辽 宁	25	8 242	11 511
吉 林	3	1 083	1 540
黑龙江	6	1 536	2 364
上 海	67	27 035	37 916
江 苏	85	26 567	37 994
浙 江	78	24 320	36 062
安 徽	23	7 611	12 025
福 建	47	14 880	21 230
江 西	14	4 018	5 853
山 东	30	9 573	14 663
河 南	17	4 398	6 821
湖 北	19	6 445	9 956
湖 南	18	5 876	9 020
广 东	107	38 658	64 677
广 西	11	3 821	6 333
海 南	25	10 316	16 760
重 庆	28	8 326	13 746
四 川	21	7 922	12 353
贵 州	6	1 983	2 844
云 南	17	5 980	10 325
西 藏	2	634	1 141
陕 西	14	5 260	7 972
甘 肃	3	695	1 205
青 海	2	707	1 064
宁 夏	0	—	—
新 疆	12	3 287	5 317

饭店地区分布

客房出租率（%）	营业收入（万元）	营业税金及附加（万元）	固定资产原价（万元）
58.57	**7 637 071.96**	**206 271.99**	**20 223 073.16**
65.04	1 107 257.20	32 840.10	2 895 490.10
60.82	83 977.31	1 647.43	149 795.21
58.58	119 041.15	2 475.71	479 585.03
36.70	49 071.90	1 533.90	335 797.76
50.12	69 600.58	1 152.38	378 643.62
50.82	141 840.89	3 859.63	551 192.21
59.78	27 164.15	585.56	105 948.40
55.34	39 885.94	996.28	88 575.49
70.37	1 299 575.76	35 039.89	2 075 153.12
58.15	665 392.80	14 609.45	1 881 921.40
55.48	710 307.22	18 379.97	1 858 530.82
53.85	121 615.82	2 666.60	372 716.48
61.38	380 396.57	13 374.88	716 911.87
51.95	66 959.21	1 509.39	211 059.26
49.39	245 647.75	5 135.98	965 531.83
51.84	97 301.70	2 385.64	295 454.36
58.47	129 265.32	3 241.12	323 860.83
61.92	147 199.47	4 412.25	510 655.29
57.51	1 092 529.32	3 1586.04	2 578 352.18
58.14	69 501.19	1 941.35	282 444.42
63.31	302 726.40	8 002.28	766 123.59
55.88	170 076.38	3 852.42	501 082.24
53.48	174 987.69	4 221.87	519 953.45
62.91	45 782.86	867.64	128 546.70
54.10	70 720.04	4 602.01	420 487.38
31.26	9 877.25	108.65	152 614.21
58.85	113 546.88	2 351.85	326 247.25
49.70	8 242.91	568.11	57 672.09
38.60	12 044.30	167.90	33 182.90
—	—	—	—
56.52	65 536.00	2 155.70	259 543.70

6-4 全国五星级饭店的营业收入总额

单位：万元

地 区	营业收入		
		#客房	#餐饮
总 计	**7 637 071.96**	**3 583 847.27**	**3 177 747.78**
北 京	1 107 257.20	547 896.30	373 932.90
天 津	83 977.31	46 290.20	31 435.55
河 北	119 041.15	50 018.02	56 767.83
山 西	49 071.90	21 542.80	24 787.90
内蒙古	69 600.58	28 582.25	32 311.07
辽 宁	141 840.89	67 297.88	63 778.47
吉 林	27 164.15	12 608.58	11 049.13
黑龙江	39 885.94	20 479.16	16 515.50
上 海	1 299 575.76	669 818.66	482 350.44
江 苏	665 392.80	277 240.72	342 561.36
浙 江	710 307.22	259 851.53	372 304.84
安 徽	121 615.82	52 662.51	59 119.79
福 建	380 396.57	178 645.84	168 370.41
江 西	66 959.21	28 027.90	31 448.07
山 东	245 647.75	109 222.01	112 605.37
河 南	97 301.70	41 215.38	43 662.35
湖 北	129 265.32	66 585.75	52 681.43
湖 南	147 199.47	55 862.15	69 075.16
广 东	1 092 529.32	482 113.49	467 177.27
广 西	69 501.19	31 725.61	28 366.85
海 南	302 726.40	199 642.20	84 647.71
重 庆	170 076.38	81 958.97	67 248.05
四 川	174 987.69	85 028.07	55 490.28
贵 州	45 782.86	23 103.80	19 683.83
云 南	70 720.04	43 395.20	22 562.98
西 藏	9 877.25	5 826.98	3 832.40
陕 西	113 546.88	58 880.02	48 026.17
甘 肃	8 242.91	5 739.08	2 100.18
青 海	12 044.30	6 091.00	5 022.10
宁 夏	—	—	—
新 疆	65 536.00	26 495.20	28 832.40

6-5 全国五星级饭店的营业收入构成

地 区	营业收入（万元）	#客房（%）	#餐饮（%）
总 计	**7 637 071.96**	**46.93**	**41.61**
北 京	1 107 257.20	49.48	33.77
天 津	83 977.31	55.12	37.43
河 北	119 041.15	42.02	47.69
山 西	49 071.90	43.90	50.51
内蒙古	69 600.58	41.07	46.42
辽 宁	141 840.89	47.45	44.96
吉 林	27 164.15	46.42	40.68
黑龙江	39 885.94	51.34	41.41
上 海	1 299 575.76	51.54	37.12
江 苏	665 392.80	41.67	51.48
浙 江	710 307.22	36.58	52.41
安 徽	121 615.82	43.30	48.61
福 建	380 396.57	46.96	44.26
江 西	66 959.21	41.86	46.97
山 东	245 647.75	44.46	45.84
河 南	97 301.70	42.36	44.87
湖 北	129 265.32	51.51	40.75
湖 南	147 199.47	37.95	46.93
广 东	1 092 529.32	44.13	42.76
广 西	69 501.19	45.65	40.81
海 南	302 726.40	65.95	27.96
重 庆	170 076.38	48.19	39.54
四 川	174 987.69	48.59	31.71
贵 州	45 782.86	50.46	42.99
云 南	70 720.04	61.36	31.90
西 藏	9 877.25	58.99	38.80
陕 西	113 546.88	51.86	42.30
甘 肃	8 242.91	69.62	25.48
青 海	12 044.30	50.57	41.70
宁 夏	—	—	—
新 疆	65 536.00	40.43	43.99

6-6 全国五星级饭店每间客房的收益

地　区	饭店数（家）	饭店规模		客　房出租率（%）	每间客房年收入（万元）
		客房数（间/套）	床位数（张）		
总　计	**800**	**274 554**	**418 259**	**58.57**	**27.82**
北　京	59	27 137	38 671	65.04	40.80
天　津	15	4 304	5 681	60.82	19.51
河　北	20	6 063	10 753	58.58	19.63
山　西	16	4 119	6 514	36.70	11.91
内蒙古	10	3 758	5 948	50.12	18.52
辽　宁	25	8 242	11 511	50.82	17.21
吉　林	3	1 083	1 540	59.78	25.08
黑龙江	6	1 536	2 364	55.34	25.97
上　海	67	27 035	37 916	70.37	48.07
江　苏	85	26 567	37 994	58.15	25.05
浙　江	78	24 320	36 062	55.48	29.21
安　徽	23	7 611	12 025	53.85	15.98
福　建	47	14 880	21 230	61.38	25.56
江　西	14	4 018	5 853	51.95	16.66
山　东	30	9 573	14 663	49.39	25.66
河　南	17	4 398	6 821	51.84	22.12
湖　北	19	6 445	9 956	58.47	20.06
湖　南	18	5 876	9 020	61.92	25.05
广　东	107	38 658	64 677	57.51	28.26
广　西	11	3 821	6 333	58.14	18.19
海　南	25	10 316	16 760	63.31	29.35
重　庆	28	8 326	13 746	55.88	20.43
四　川	21	7 922	12 353	53.48	22.09
贵　州	6	1 983	2 844	62.91	23.09
云　南	17	5 980	10 325	54.10	11.83
西　藏	2	634	1 141	31.26	15.58
陕　西	14	5 260	7 972	58.85	21.59
甘　肃	3	695	1 205	49.70	11.86
青　海	2	707	1 064	38.60	17.04
宁　夏	0	—	—	—	—
新　疆	12	3287	5 317	56.52	19.94

6-7 全国五星级饭店的人均效益

地 区	全员劳动生产率（万元/人）	人均实现利润（万元/人）	人均占用固定资产原价（万元/人）	年末从业人员（人）
总 计	**25.25**	**1.50**	**66.85**	**302 518**
北 京	39.82	6.52	104.14	27 805
天 津	19.23	0.12	34.31	4 366
河 北	17.15	-2.13	69.10	6 940
山 西	9.75	-2.11	66.71	5 034
内蒙古	17.79	-4.11	96.77	3 913
辽 宁	17.92	-3.50	69.62	7 917
吉 林	22.58	-0.29	88.07	1 203
黑龙江	28.23	3.44	62.69	1 413
上 海	45.32	8.44	72.37	28 675
江 苏	23.49	-0.55	66.44	28 324
浙 江	25.38	0.55	66.40	27 991
安 徽	18.57	-0.45	56.91	6 549
福 建	20.71	1.05	39.03	18 368
江 西	17.46	0.99	55.04	3 835
山 东	21.67	0.37	85.19	11 334
河 南	16.37	-1.93	49.71	5 943
湖 北	20.43	-0.22	51.18	6 328
湖 南	18.48	-1.14	64.10	7 966
广 东	23.87	0.95	56.33	45 773
广 西	17.48	-2.19	71.02	3 977
海 南	26.50	4.37	67.06	11 425
重 庆	16.40	-0.35	48.32	10 370
四 川	20.16	0.95	59.91	8 679
贵 州	21.80	1.76	61.21	2 100
云 南	12.71	2.35	75.57	5 564
西 藏	20.32	-0.45	314.02	486
陕 西	20.68	0.35	59.41	5 491
甘 肃	14.77	-1.98	103.35	558
青 海	14.81	-1.03	40.82	813
宁 夏	—	—	—	—
新 疆	19.40	-4.10	76.83	3 378

七、全国四星级饭店综合资料

7-1 全国四星级饭店

饭店注册登记类型	饭店数（家）	客房数（间/套）	床位数（张）
合　计	**2 363**	**470 125**	**793 504**
国有企业	569	116 735	195 416
集体企业	41	6 607	10 939
股份合作企业	52	9 227	16 545
国有联营	4	741	1 359
集体联营	3	551	754
国有与集体联营	1	151	290
其他联营	5	920	1 580
国有独资公司	105	20 003	31 770
其他有限责任公司	196	40 441	66 860
股份有限公司	178	35 383	63 957
私营独资	251	43 419	74 475
私营合伙	42	6 604	10 916
私营有限责任公司	570	104 592	179 195
私营股份有限公司	62	11 808	19 211
其他	159	43 595	74 816
与港澳台商合资经营	19	4 319	6 426
与港澳台商合作经营	10	3 011	5 055
港澳台商独资	33	7 434	11 888
港澳台商投资股份有限公司	6	832	840
中外合资经营	30	6 946	10 856
中外合作经营	7	2 651	4 042
外资企业	16	3 556	5 370
外商投资股份有限公司	4	599	944

综合情况

客　房 出租率 （%）	营业收入 （万元）	营业税金 及 附 加 （万元）	固定资产 原　　价 （万元）
55.62	**7 038 573.06**	**192 496.71**	**18 141 819.05**
56.48	2 025 113.36	52 729.70	5 662 606.62
52.92	95 236.60	2 974.05	217 700.06
52.19	128 584.44	3 684.47	303 323.55
69.75	11 657.39	366.66	40 061.94
49.37	7 195.90	121.50	25 247.00
35.85	2 098.33	34.53	87.10
57.14	7 494.96	213.33	25 393.68
61.02	373 985.05	9 901.81	729 222.40
54.80	584 646.34	16 354.53	1 307 029.76
55.09	523 679.43	13 800.31	1 176 944.85
51.42	419 507.45	12 430.72	1 012 788.42
52.22	87 681.67	2 433.23	210 725.70
53.30	1 218 399.68	32 264.48	2 872 488.11
52.85	124 138.74	4 429.62	291 843.97
63.04	966 113.80	27 380.24	2 696 900.90
59.61	79 325.66	1 970.60	233 158.20
58.46	46 481.93	1 411.60	205 835.91
57.16	104 549.44	3 191.99	260 294.24
49.79	24 186.47	1 008.87	101 951.86
53.85	118 026.99	3 359.86	390 978.13
49.63	33 225.78	806.00	105 042.24
60.86	45 261.65	1 530.39	268 232.23
65.41	11 982.00	98.20	3 962.20

7-2　全国四星级饭店

地　区	总计	国有企业	集体企业	股份合作企业	国有联营	集体联营	国有与集体联营	其他联营	国有独资公司	其他有限责任公司	股份有限公司	私营独资
总　计	**2 363**	**569**	**41**	**52**	**4**	**3**	**1**	**5**	**105**	**196**	**178**	**251**
北　京	118	0	0	0	0	0	0	0	0	1	0	0
天　津	35	12	2	0	0	0	0	0	1	0	2	3
河　北	124	31	2	5	0	0	0	0	0	12	8	15
山　西	52	13	2	2	0	1	0	0	0	4	7	8
内蒙古	28	11	0	0	0	0	0	0	1	3	1	4
辽　宁	72	13	0	0	0	0	0	0	1	6	4	10
吉　林	42	12	1	1	0	1	0	0	0	2	3	6
黑龙江	46	22	1	0	0	0	0	0	0	3	6	5
上　海	66	26	0	1	1	0	1	0	9	8	4	1
江　苏	156	33	1	3	0	0	0	0	81	0	8	21
浙　江	164	21	8	9	0	0	0	1	1	12	27	9
安　徽	106	29	1	3	0	0	0	0	0	12	8	15
福　建	122	27	1	2	0	0	0	0	0	6	7	13
江　西	93	21	2	1	0	0	0	0	0	6	6	11
山　东	146	58	5	3	0	1	0	1	0	12	17	6
河　南	84	28	2	3	0	0	0	0	0	10	7	4
湖　北	78	20	1	2	0	0	0	1	2	7	4	9
湖　南	64	19	2	0	1	0	0	0	0	2	12	7
广　东	145	16	2	1	0	0	0	0	5	26	6	10
广　西	83	12	0	0	0	0	0	1	0	5	8	17
海　南	39	10	0	2	1	0	0	0	0	12	1	4
重　庆	48	15	2	1	0	0	0	0	0	2	2	6
四　川	80	13	0	1	0	0	0	0	1	14	5	14
贵　州	56	7	0	4	0	0	0	0	2	3	4	9
云　南	71	24	1	2	0	0	0	0	0	4	5	10
西　藏	27	9	1	0	0	0	0	1	0	0	1	7
陕　西	41	17	0	2	0	0	0	0	0	7	0	3
甘　肃	66	22	2	0	0	0	0	0	0	9	3	5
青　海	19	4	1	0	0	0	0	0	0	2	2	5
宁　夏	35	4	1	2	1	0	0	0	1	3	3	3
新　疆	57	20	0	2	0	0	0	0	0	3	7	11

的注册登记类型

单位：家

私营合伙	私营有限责任公司	私营股份有限公司	其他	与港澳台商合资经营	与港澳台商合作经营	港澳台商独资	港澳台商投资股份有限公司	中外合资经营	中外合作经营	外资企业	外商投资股份有限公司
42	**570**	**62**	**159**	**19**	**10**	**33**	**6**	**30**	**7**	**16**	**4**
0	0	0	117	0	0	0	0	0	0	0	0
0	11	0	2	0	1	0	0	0	0	0	1
2	43	2	0	2	0	1	1	0	0	0	0
1	13	0	1	0	0	0	0	0	0	0	0
0	8	0	0	0	0	0	0	0	0	0	0
0	19	3	0	2	1	2	0	7	1	3	0
1	9	3	2	1	0	0	0	0	0	0	0
0	8	0	0	1	0	0	0	0	0	0	0
0	5	1	3	2	0	2	0	1	1	0	0
0	0	0	0	1	0	4	0	2	1	1	0
7	59	2	0	1	0	1	4	1	0	1	0
0	32	4	0	0	0	0	0	1	0	1	0
5	42	5	0	0	0	6	1	4	1	2	0
5	32	4	0	0	0	2	0	1	0	1	1
0	34	3	1	2	0	1	0	1	0	0	1
1	20	4	1	0	0	0	0	3	1	0	0
2	22	1	1	0	1	3	0	0	0	1	1
1	10	5	1	1	0	0	0	2	0	1	0
4	32	3	24	1	5	7	0	2	0	1	0
3	27	6	0	2	0	2	0	0	0	0	0
0	5	2	0	1	1	0	0	0	0	0	0
0	19	1	0	0	0	0	0	0	0	0	0
2	16	5	4	1	0	0	0	1	1	2	0
0	25	0	0	0	0	0	0	1	0	1	0
2	18	2	1	1	0	0	0	1	0	0	0
3	4	0	0	0	0	0	0	0	0	1	0
1	6	1	1	0	1	1	0	0	1	0	0
1	19	3	0	0	0	1	0	1	0	0	0
0	5	0	0	0	0	0	0	0	0	0	0
0	15	1	0	0	0	0	0	1	0	0	0
1	12	1	0	0	0	0	0	0	0	0	0

7-3 全国四星级

地　区	饭店数（家）	客房数（间/套）	床位数（张）
总　计	**2 363**	**470 125**	**793 504**
北　京	118	34 460	57 343
天　津	35	7 960	12 297
河　北	124	21 977	38 789
山　西	52	8 551	14 463
内蒙古	28	5 510	9 262
辽　宁	72	15 202	22 616
吉　林	42	6 004	10 367
黑龙江	46	7 577	12 651
上　海	66	18 723	28 664
江　苏	156	27 766	44 643
浙　江	164	33 922	54 164
安　徽	106	19 768	33 946
福　建	122	22 265	35 923
江　西	93	16 336	27 861
山　东	146	28 796	46 541
河　南	84	16 298	27 745
湖　北	78	15 071	25 593
湖　南	64	15 170	27 023
广　东	145	32 241	57 567
广　西	83	16 769	29 245
海　南	39	9 482	15 722
重　庆	48	8 845	15 666
四　川	80	15 121	24 577
贵　州	56	10 200	18 754
云　南	71	12 780	22 199
西　藏	27	3 613	6 288
陕　西	41	9 789	17 812
甘　肃	66	10 001	19 256
青　海	19	3 000	5 402
宁　夏	35	5 308	9 211
新　疆	57	11 620	21 914

饭店地区分布

客 房 出租率 （%）	营业收入 （万元）	营业税金 及 附 加 （万元）	固定资产 原 价 （万元）
55.62	**7 038 573.06**	**192 496.71**	**18 141 819.05**
62.83	858 865.40	23 894.70	2 412 744.00
54.34	105 390.75	2 356.67	273 768.80
42.80	239 420.68	6 098.44	712 525.98
45.82	78 234.83	1 592.90	300 731.14
48.96	66 141.37	2 430.98	290 529.75
49.55	170 541.02	4 351.16	740 604.51
47.56	73 754.60	3 319.68	272 986.37
45.57	92 266.35	2 630.88	341 582.20
68.92	521 031.36	10 648.98	923 506.09
58.76	519 755.90	13 018.55	1 079 220.93
60.96	746 992.99	18 975.13	1 566 738.10
50.75	247 382.17	6 951.70	703 251.55
57.23	305 955.02	8 148.74	522 421.97
51.73	149 229.91	3 821.01	364 767.03
57.42	458 679.93	9 608.77	1 137 042.34
47.95	194 890.35	5 696.51	497 270.08
57.00	175 788.84	4 183.02	506 878.21
60.65	221 580.24	5 989.94	552 478.37
55.58	507 088.83	16 157.26	1 110 306.21
55.48	169 979.99	5 735.31	400 350.76
58.97	109 741.74	3 845.12	283 354.82
59.92	125 589.16	3 894.57	249 638.73
56.32	200 304.16	5 816.92	693 705.89
57.54	123 065.83	2 714.66	193 687.83
59.39	110 659.44	7 509.48	525 335.13
50.95	32 851.23	1 321.38	132 617.94
55.52	121 745.46	3 983.04	429 027.57
50.51	99 058.73	2 512.18	303 313.91
44.18	34 376.23	817.43	79 283.78
45.94	49 107.81	1 698.14	174 838.98
49.68	129 102.75	2 773.45	367 310.10

7-4　全国四星级饭店的营业收入总额

单位：万元

地　区	营业收入		
		#客房	#餐饮
总　计	**7 038 573.06**	**3 061 158.39**	**2 822 915.19**
北　京	858 865.40	420 585.50	229 290.20
天　津	105 390.75	56 407.07	42 182.39
河　北	239 420.68	90 118.24	103 534.69
山　西	78 234.83	29 903.39	36 678.75
内蒙古	66 141.37	28 803.32	33 775.39
辽　宁	170 541.02	76 496.09	71 125.35
吉　林	73 754.60	32 192.64	35 686.12
黑龙江	92 266.35	42 797.89	33 758.71
上　海	521 031.36	241 099.25	140 169.42
江　苏	519 755.90	186 412.97	286 177.04
浙　江	746 992.99	265 893.00	350 363.37
安　徽	247 382.17	107 875.21	119 274.53
福　建	305 955.02	138 613.66	139 030.68
江　西	149 229.91	74 182.81	59 550.88
山　东	458 679.93	167 354.15	228 647.55
河　南	194 890.35	79 318.39	83 894.37
湖　北	175 788.84	85 146.00	62 647.94
湖　南	221 580.24	98 423.30	88 469.45
广　东	507 088.83	220 203.13	206 478.04
广　西	169 979.99	79 449.44	68 482.47
海　南	109 741.74	47 406.39	23 205.33
重　庆	125 589.16	60 041.73	47 129.05
四　川	200 304.16	90 257.56	71 775.93
贵　州	123 065.83	68 380.13	40 017.65
云　南	110 659.44	61 320.38	34 451.60
西　藏	32 851.23	20 700.82	6 493.29
陕　西	121 745.46	58 374.89	55 367.94
甘　肃	99 058.73	47 799.36	40 610.89
青　海	34 376.23	13 367.15	17 108.74
宁　夏	49 107.81	21 515.25	24 618.42
新　疆	129 102.75	50 719.29	42 919.01

7–5　全国四星级饭店的营业收入构成

地　区	营业收入（万元）	#客房（%）	#餐饮（%）
总　计	**7 038 573.06**	**43.49**	**40.11**
北　京	858 865.40	48.97	26.70
天　津	105 390.75	53.52	40.02
河　北	239 420.68	37.64	43.24
山　西	78 234.83	38.22	46.88
内蒙古	66 141.37	43.55	51.07
辽　宁	170 541.02	44.85	41.71
吉　林	73 754.60	43.65	48.38
黑龙江	92 266.35	46.39	36.59
上　海	521 031.36	46.27	26.90
江　苏	519 755.90	35.87	55.06
浙　江	746 992.99	35.60	46.90
安　徽	247 382.17	43.61	48.21
福　建	305 955.02	45.31	45.44
江　西	149 229.91	49.71	39.91
山　东	458 679.93	36.49	49.85
河　南	194 890.35	40.70	43.05
湖　北	175 788.84	48.44	35.64
湖　南	221 580.24	44.42	39.93
广　东	507 088.83	43.42	40.72
广　西	169 979.99	46.74	40.29
海　南	109 741.74	43.20	21.15
重　庆	125 589.16	47.81	37.53
四　川	200 304.16	45.06	35.83
贵　州	123 065.83	55.56	32.52
云　南	110 659.44	55.41	31.13
西　藏	32 851.23	63.01	19.77
陕　西	121 745.46	47.95	45.48
甘　肃	99 058.73	48.25	41.00
青　海	34 376.23	38.88	49.77
宁　夏	49 107.81	43.81	50.13
新　疆	129 102.75	39.29	33.24

7–6　全国四星级饭店每间客房的收益

地　区	饭店数（家）	饭店规模		客　房出租率（%）	每间客房年收入（万元）
		客房数（间/套）	床位数（张）		
总　计	**2 363**	**470 125**	**793 504**	**55.62**	**14.97**
北　京	118	34 460	57 343	62.83	24.92
天　津	35	7 960	12 297	54.34	13.24
河　北	124	21 977	38 789	42.80	10.89
山　西	52	8 551	14 463	45.82	9.15
内蒙古	28	5 510	9 262	48.96	12.00
辽　宁	72	15 202	22 616	49.55	11.22
吉　林	42	6 004	10 367	47.56	12.28
黑龙江	46	7 577	12 651	45.57	12.18
上　海	66	18 723	28 664	68.92	27.83
江　苏	156	27 766	44 643	58.76	18.72
浙　江	164	33 922	54 164	60.96	22.02
安　徽	106	19 768	33 946	50.75	12.51
福　建	122	22 265	35 923	57.23	13.74
江　西	93	16 336	27 861	51.73	9.14
山　东	146	28 796	46 541	57.42	15.93
河　南	84	16 298	27 745	47.95	11.96
湖　北	78	15 071	25 593	57.00	11.66
湖　南	64	15 170	27 023	60.65	14.61
广　东	145	32 241	57 567	55.58	15.73
广　西	83	16 769	29 245	55.48	10.14
海　南	39	9 482	15 722	58.97	11.57
重　庆	48	8 845	15 666	59.92	14.20
四　川	80	15 121	24 577	56.32	13.25
贵　州	56	10 200	18 754	57.54	12.07
云　南	71	12 780	22 199	59.39	8.66
西　藏	27	3 613	6 288	50.95	9.09
陕　西	41	9 789	17 812	55.52	12.44
甘　肃	66	10 001	19 256	50.51	9.90
青　海	19	3 000	5 402	44.18	11.46
宁　夏	35	5 308	9 211	45.94	9.25
新　疆	57	11 620	21 914	49.68	11.11

7-7 全国四星级饭店的人均效益

地　区	全员劳动生产率（万元/人）	人均实现利润（万元/人）	人均占用固定资产原价（万元/人）	年末从业人员（人）
总　计	**16.29**	**-0.50**	**42.00**	**431 994**
北　京	27.31	2.80	76.71	31 453
天　津	18.21	-2.28	47.31	5 787
河　北	11.62	-1.66	34.57	20 611
山　西	9.00	-2.61	34.59	8 693
内蒙古	13.96	-1.95	61.31	4 739
辽　宁	15.01	-3.13	65.17	11 364
吉　林	11.69	-2.01	43.26	6 311
黑龙江	14.87	-0.92	55.07	6 203
上　海	32.19	2.83	57.06	16 186
江　苏	18.15	-0.04	37.69	28 633
浙　江	20.29	-0.60	42.55	36 817
安　徽	15.18	-0.07	43.15	16 298
福　建	14.93	-0.06	25.49	20 494
江　西	13.14	-0.87	32.13	11 353
山　东	14.95	-1.00	37.06	30 678
河　南	13.08	-1.37	33.37	14 901
湖　北	14.35	-0.16	41.39	12 246
湖　南	15.56	-0.67	38.80	14 239
广　东	14.76	0.72	32.32	34 357
广　西	12.45	-0.81	29.32	13 654
海　南	16.78	-0.81	43.32	6 541
重　庆	15.26	-0.42	30.33	8 232
四　川	13.38	-2.68	46.33	14 973
贵　州	16.38	0.08	25.79	7 511
云　南	7.64	-1.32	36.28	14 479
西　藏	14.42	-0.40	58.22	2 278
陕　西	12.48	-1.08	43.98	9 755
甘　肃	11.80	0.34	36.12	8 398
青　海	11.85	0.12	27.33	2 901
宁　夏	11.56	-13.52	41.17	4 247
新　疆	16.85	-0.13	47.94	7 662

八、全国三星级饭店综合资料

8-1 全国三星级饭店

饭店注册登记类型	饭店数 （家）	客房数 （间/套）	床位数 （张）
合　计	**4 856**	**548 906**	**1 009 713**
国有企业	1 119	137 699	255 456
集体企业	163	17 336	33 149
股份合作企业	147	14 757	29 421
国有联营	7	1 923	3 411
集体联营	11	1 020	1 744
国有与集体联营	4	448	841
其他联营	11	1 078	1 876
国有独资公司	120	12 723	23 260
其他有限责任公司	321	39 070	70 100
股份有限公司	334	41 135	73 165
私营独资	954	88 541	169 589
私营合伙	168	16 191	28 051
私营有限责任公司	998	108 697	191 764
私营股份有限公司	119	12 434	23 830
其他	287	43 224	82 846
与港澳台商合资经营	24	3 569	5 944
与港澳台商合作经营	6	807	1 250
港澳台商独资	16	1 883	3 273
港澳台商投资股份有限公司	2	356	668
中外合资经营	22	2 695	4 710
中外合作经营	6	1 037	1 658
外资企业	11	1 473	2 375
外商投资股份有限公司	6	810	1 332

综合情况

客房出租率（%）	营业收入（万元）	营业税金及附加（万元）	固定资产原价（万元）
52.52	**4 831 587.01**	**225 973.30**	**10 577 054.87**
52.22	1 305 763.15	37 507.68	3 135 534.08
52.89	192 721.96	5 221.10	405 702.20
53.16	115 820.47	3 844.10	248 374.78
54.50	7 114.74	230.13	28 506.15
55.32	5 778.41	180.20	19 379.40
55.77	6 264.46	127.77	8 409.47
52.81	6 057.10	141.16	25 585.20
55.84	166 209.34	5 385.38	236 541.74
54.38	381 147.57	11 175.03	671 885.47
52.83	371 448.80	11 241.59	764 949.99
49.38	571 274.91	61 166.74	1 374 943.20
52.39	113 968.25	3 523.15	180 169.20
51.34	775 933.49	66 399.99	1 586 447.26
53.39	70 184.22	1 939.53	140 804.53
58.00	601 526.72	14 817.72	1 415 339.32
55.31	42 580.66	1 064.76	95 385.37
57.76	15 402.30	425.70	29 579.70
55.98	18 833.92	455.28	53 341.48
27.22	904.70	14.60	3 210.40
56.46	23 544.51	244.53	69 342.63
62.33	18 581.42	383.39	30 715.29
55.93	12 756.32	286.98	35 084.30
52.57	7 769.60	196.80	17 823.70

8-2 全国三星级饭店

地 区	总计	国有企业	集体企业	股份合作企业	国有联营	集体联营	国有与集体联营	其他联营	国有独资公司	其他有限责任公司	股份有限公司	私营独资
总 计	**4 856**	**1 119**	**163**	**147**	**7**	**11**	**4**	**11**	**120**	**321**	**334**	**954**
北 京	161	1	0	0	0	0	0	0	0	2	0	0
天 津	28	4	1	0	0	0	0	0	0	1	2	5
河 北	159	52	8	5	0	0	1	0	0	17	11	20
山 西	100	40	3	4	0	0	0	0	1	4	7	9
内蒙古	78	20	1	2	0	0	0	1	0	5	6	16
辽 宁	186	56	8	1	0	0	1	1	1	7	12	53
吉 林	87	28	11	1	0	1	0	1	0	0	2	16
黑龙江	109	32	3	7	0	0	0	0	0	4	7	32
上 海	67	28	6	1	0	0	0	0	2	6	4	4
江 苏	251	43	8	6	0	0	0	0	86	0	23	78
浙 江	283	44	17	7	1	1	1	1	1	17	32	28
安 徽	142	30	3	5	0	0	0	0	0	11	9	24
福 建	149	38	6	4	0	0	0	0	0	10	7	11
江 西	162	45	0	4	0	0	0	0	0	6	14	30
山 东	378	109	24	13	0	3	1	5	1	26	38	54
河 南	242	64	11	9	0	0	0	0	0	23	24	40
湖 北	171	45	6	7	2	0	0	0	1	14	8	23
湖 南	222	48	1	19	0	0	0	0	0	5	21	52
广 东	403	55	12	6	3	1	0	0	12	55	12	64
广 西	231	41	2	3	1	0	0	0	1	17	12	74
海 南	52	14	0	2	0	1	0	0	0	8	0	6
重 庆	94	26	3	1	0	0	0	0	1	5	5	14
四 川	127	33	2	1	0	1	0	0	2	24	14	20
贵 州	115	23	1	1	0	0	0	0	0	3	10	44
云 南	210	42	8	5	0	0	0	1	2	9	10	86
西 藏	20	3	0	0	0	2	0	0	0	1	1	6
陕 西	170	41	4	18	0	1	0	0	4	14	12	25
甘 肃	155	34	8	2	0	0	0	1	1	11	12	37
青 海	31	7	1	2	0	0	0	0	0	1	1	11
宁 夏	49	4	1	8	0	0	0	0	2	3	4	8
新 疆	224	69	4	3	0	0	0	0	2	12	14	64

的注册登记类型

单位：家

私营合伙	私营有限责任公司	私营股份有限公司	其他	与港澳台商合资经营	与港澳台商合作经营	港澳台商独资	港澳台商投资股份有限公司	中外合资经营	中外合作经营	外资企业	外商投资股份有限公司
168	**998**	**119**	**287**	**24**	**6**	**16**	**2**	**22**	**6**	**11**	**6**
0	0	0	158	0	0	0	0	0	0	0	0
0	10	0	4	0	0	0	0	0	0	1	0
1	36	5	1	0	0	0	0	1	0	0	1
1	27	4	0	0	0	0	0	0	0	0	0
1	26	0	0	0	0	0	0	0	0	0	0
1	32	4	1	1	0	1	0	4	0	1	1
1	20	0	6	0	0	0	0	0	0	0	0
0	22	1	1	0	0	0	0	0	0	0	0
0	7	1	3	3	0	1	0	0	1	0	0
0	0	0	4	1	0	0	0	1	1	0	0
22	96	9	0	0	0	0	1	1	0	2	2
5	46	6	0	1	0	2	0	0	0	0	0
16	44	3	0	2	0	0	0	6	0	2	0
11	41	8	0	1	0	0	0	1	0	0	1
4	88	4	1	1	0	2	0	3	0	0	1
6	53	6	5	0	0	0	0	1	0	0	0
15	31	9	7	0	0	1	0	0	0	2	0
10	44	17	1	1	0	1	1	0	0	1	0
6	62	6	86	6	6	5	0	2	3	1	0
21	48	9	1	0	0	1	0	0	0	0	0
2	12	2	2	2	0	1	0	0	0	0	0
10	26	2	0	1	0	0	0	0	0	0	0
3	22	3	1	1	0	0	0	0	0	0	0
6	21	4	0	1	0	1	0	0	0	0	0
7	33	3	1	1	0	0	0	1	0	1	0
0	7	0	0	0	0	0	0	0	0	0	0
4	38	3	3	1	0	0	0	1	1	0	0
0	42	7	0	0	0	0	0	0	0	0	0
3	5	0	0	0	0	0	0	0	0	0	0
3	16	0	0	0	0	0	0	0	0	0	0
9	43	3	1	0	0	0	0	0	0	0	0

8-3 全国三星级

地区	饭店数（家）	客房数（间/套）	床位数（张）
总计	**4 856**	**548 906**	**1 009 713**
北京	161	29 141	52 715
天津	28	3 750	6 295
河北	159	19 037	34 188
山西	100	10 961	20 950
内蒙古	78	9 121	16 643
辽宁	186	21 952	40 059
吉林	87	6 364	11 766
黑龙江	109	9 947	20 581
上海	67	9 394	15 415
江苏	251	24 042	41 161
浙江	283	33 952	59 952
安徽	142	14 065	24 902
福建	149	15 695	26 279
江西	162	17 761	30 629
山东	378	43 741	86 700
河南	242	28 357	54 464
湖北	171	19 079	33 143
湖南	222	24 759	42 993
广东	403	45 753	88 846
广西	231	25 829	48 073
海南	52	6 558	11 587
重庆	94	9 459	16 334
四川	127	15 622	26 881
贵州	115	11 463	19 040
云南	210	22 355	43 866
西藏	20	1 545	4 232
陕西	170	19 947	38 674
甘肃	155	17 266	34 922
青海	31	2 966	5 549
宁夏	49	4 292	7 521
新疆	224	24 733	45 353

饭店地区分布

客　房 出租率 （%）	营业收入 （万元）	营业税金 及 附 加 （万元）	固定资产 原　　价 （万元）
52.52	**4 831 587.01**	**225 973.30**	**10 577 054.87**
57.76	471 118.70	10 941.40	1 204 368.30
50.51	45 583.30	1 323.79	69 690.79
41.53	119 635.03	2 682.12	346 990.60
49.17	85 293.38	2 064.42	190 055.78
43.90	68 073.03	2 542.40	198 510.67
45.07	122 598.83	3 817.99	398 688.75
48.96	44 405.54	3 808.51	162 630.07
40.90	46 884.14	1 475.72	142 483.96
60.92	155 494.70	2 924.90	274 748.22
58.61	355 398.58	11 546.49	435 137.53
53.25	426 810.71	11 927.17	810 924.11
49.89	106 569.27	4 295.66	207 086.96
55.00	161 995.98	5 019.86	206 786.77
50.64	117 328.71	43 824.97	216 799.33
54.25	370 734.27	9 511.13	892 172.58
53.35	231 161.92	8 280.23	480 003.93
54.79	137 482.08	4 441.78	325 968.35
62.52	225 123.95	42 930.92	420 769.93
55.12	471 324.87	16 010.00	785 852.91
53.14	130 409.00	4 587.60	252 840.23
49.06	25 641.41	791.24	78 076.87
53.34	104 948.87	2 969.01	176 010.59
57.00	147 294.99	4 331.20	310 684.75
51.34	61 186.16	2 075.25	216 928.22
53.88	140 463.42	7 264.25	423 488.19
53.50	7 911.28	226.44	40 726.28
49.33	148 808.16	3 120.28	437 359.19
45.21	105 144.11	6 188.29	266 669.07
43.10	18 323.45	287.89	56 946.52
46.43	26 857.26	759.60	68 226.21
46.63	151 581.94	4 002.77	479 429.23

8-4　全国三星级饭店的营业收入总额

单位：万元

地　区	营业收入	#客房	#餐饮
总　计	**4 831 587.01**	**2 080 946.91**	**2 087 123.01**
北　京	471 118.70	228 020.10	122 188.90
天　津	45 583.30	17 437.24	15 841.72
河　北	119 635.03	48 955.32	60 650.04
山　西	85 293.38	36 961.86	40 513.79
内蒙古	68 073.03	25 139.27	33 295.33
辽　宁	122 598.83	53 851.48	48 851.77
吉　林	44 405.54	21 376.26	20 309.23
黑龙江	46 884.14	26 827.86	12 076.34
上　海	155 494.70	75 263.38	48 513.73
江　苏	355 398.58	104 956.03	219 262.78
浙　江	426 810.71	156 437.62	200 360.87
安　徽	106 569.27	39 494.38	56 686.60
福　建	161 995.98	65 881.34	70 085.62
江　西	117 328.71	53 140.68	47 560.67
山　东	370 734.27	144 369.68	198 409.62
河　南	231 161.92	89 444.03	120 156.45
湖　北	137 482.08	64 277.22	62 269.67
湖　南	225 123.95	98 109.93	106 398.53
广　东	471 324.87	209 106.94	193 282.88
广　西	130 409.00	69 751.50	48 634.71
海　南	25 641.41	14 580.36	8 478.84
重　庆	104 948.87	36 224.70	34 449.32
四　川	147 294.99	64 909.10	55 634.59
贵　州	61 186.16	39 938.24	16 474.54
云　南	140 463.42	81 008.37	43 451.90
西　藏	7 911.28	5 421.17	1 617.81
陕　西	148 808.16	58 722.29	75 408.14
甘　肃	105 144.11	50 630.89	46 500.81
青　海	18 323.45	10 846.53	6 191.66
宁　夏	26 857.26	11 990.14	13 323.03
新　疆	151 581.94	77 872.99	60 243.12

8-5　全国三星级饭店的营业收入构成

地　区	营业收入（万元）	#客房（%）	#餐饮（%）
总　计	**4 831 587.01**	**43.07**	**43.20**
北　京	471 118.70	48.40	25.94
天　津	45 583.30	38.25	34.75
河　北	119 635.03	40.92	50.70
山　西	85 293.38	43.33	47.50
内蒙古	68 073.03	36.93	48.91
辽　宁	122 598.83	43.92	39.85
吉　林	44 405.54	48.14	45.74
黑龙江	46 884.14	57.22	25.76
上　海	155 494.70	48.40	31.20
江　苏	355 398.58	29.53	61.69
浙　江	426 810.71	36.65	46.94
安　徽	106 569.27	37.06	53.19
福　建	161 995.98	40.67	43.26
江　西	117 328.71	45.29	40.54
山　东	370 734.27	38.94	53.52
河　南	231 161.92	38.69	51.98
湖　北	137 482.08	46.75	45.29
湖　南	225 123.95	43.58	47.26
广　东	471 324.87	44.37	41.01
广　西	130 409.00	53.49	37.29
海　南	25 641.41	56.86	33.07
重　庆	104 948.87	34.52	32.82
四　川	147 294.99	44.07	37.77
贵　州	61 186.16	65.27	26.93
云　南	140 463.42	57.67	30.93
西　藏	7 911.28	68.52	20.45
陕　西	148 808.16	39.46	50.67
甘　肃	105 144.11	48.15	44.23
青　海	18 323.45	59.19	33.79
宁　夏	26 857.26	44.64	49.61
新　疆	151 581.94	51.37	39.74

8-6 全国三星级饭店每间客房的收益

地 区	饭店数（家）	饭店规模		客房出租率（%）	每间客房年收入（万元）
		客房数（间/套）	床位数（张）		
总 计	**4 856**	**548 906**	**1 009 713**	**52.52**	**8.80**
北 京	161	29 141	52 715	57.76	16.17
天 津	28	3 750	6 295	50.51	12.16
河 北	159	19 037	34 188	41.53	6.28
山 西	100	10 961	20 950	49.17	7.78
内蒙古	78	9 121	16 643	43.90	7.46
辽 宁	186	21 952	40 059	45.07	5.58
吉 林	87	6 364	11 766	48.96	6.98
黑龙江	109	9 947	20 581	40.90	4.71
上 海	67	9 394	15 415	60.92	16.55
江 苏	251	24 042	41 161	58.61	14.78
浙 江	283	33 952	59 952	53.25	12.57
安 徽	142	14 065	24 902	49.89	7.58
福 建	149	15 695	26 279	55.00	10.32
江 西	162	17 761	30 629	50.64	6.61
山 东	378	43 741	86 700	54.25	8.48
河 南	242	28 357	54 464	53.35	8.15
湖 北	171	19 079	33 143	54.79	7.21
湖 南	222	24 759	42 993	62.52	9.09
广 东	403	45 753	88 846	55.12	10.30
广 西	231	25 829	48 073	53.14	5.05
海 南	52	6 558	11 587	49.06	3.91
重 庆	94	9 459	16 334	53.34	11.10
四 川	127	15 622	26 881	57.00	9.43
贵 州	115	11 463	19 040	51.34	5.34
云 南	210	22 355	43 866	53.88	6.28
西 藏	20	1 545	4 232	53.50	5.12
陕 西	170	19 947	38 674	49.33	7.46
甘 肃	155	17 266	34 922	45.21	6.09
青 海	31	2 966	5 549	43.10	6.18
宁 夏	49	4 292	7 521	46.43	6.26
新 疆	224	24 733	45 353	46.63	6.13

8-7 全国三星级饭店的人均效益

地 区	全员劳动生产率（万元/人）	人均实现利润（万元/人）	人均占用固定资产原价（万元/人）	年末从业人员（人）
总 计	**12.18**	**-0.52**	**26.66**	**396 804**
北 京	22.31	-0.12	57.04	21 114
天 津	13.98	-0.79	21.38	3 260
河 北	9.41	-1.09	27.30	12 712
山 西	8.99	-1.11	20.03	9 487
内蒙古	11.12	-1.46	32.42	6 124
辽 宁	9.91	-1.44	32.23	12 371
吉 林	8.60	-0.69	31.49	5 164
黑龙江	10.43	0.05	31.69	4 496
上 海	22.19	0.60	39.22	7 006
江 苏	17.19	-0.09	21.05	20 671
浙 江	16.43	-0.76	31.23	25 970
安 徽	11.04	0.00	21.45	9 656
福 建	11.69	0.07	14.93	13 855
江 西	11.14	0.96	20.59	10 530
山 东	10.77	-0.78	25.93	34 412
河 南	10.43	-2.54	21.66	22 160
湖 北	10.80	-12.88	25.60	12 735
湖 南	11.21	0.48	20.95	20 087
广 东	11.79	1.21	19.65	39 990
广 西	10.48	4.05	20.33	12 438
海 南	9.07	-1.02	27.61	2 828
重 庆	11.74	0.02	19.69	8 941
四 川	13.20	-0.13	27.84	11 161
贵 州	8.96	0.50	31.77	6 828
云 南	8.41	0.50	25.34	16 709
西 藏	11.65	0.50	59.98	679
陕 西	9.20	-0.72	27.03	16 178
甘 肃	9.98	0.55	25.31	10 536
青 海	10.13	0.16	31.48	1 809
宁 夏	10.25	-1.04	26.05	2 619
新 疆	10.62	-0.09	33.58	14 278

九、全国二星级饭店综合资料

9-1 全国二星级饭店

饭店注册登记类型	饭店数（家）	客房数（间/套）	床位数（张）
合　计	**1 771**	**123 760**	**252 163**
国有企业	410	32 245	65 392
集体企业	88	5 826	11 024
股份合作企业	38	2 628	6 609
国有联营	5	220	424
集体联营	5	378	719
国有与集体联营	3	179	301
其他联营	4	217	417
国有独资公司	25	1 443	2 774
其他有限责任公司	68	4 997	8 787
股份有限公司	93	6 940	12 132
私营独资	546	30 560	58 459
私营合伙	78	4 930	15 645
私营有限责任公司	260	18 430	37 844
私营股份有限公司	35	2 355	4 136
其他	105	11 789	26 399
与港澳台商合资经营	1	42	75
与港澳台商合作经营	2	135	222
港澳台商独资	—	—	—
港澳台商投资股份有限公司	0	—	—
中外合资经营	1	214	353
中外合作经营	1	52	90
外资企业	2	124	249
外商投资股份有限公司	1	56	112

综合情况

客　房 出租率 （%）	营业收入 （万元）	营业税金 及 附 加 （万元）	固定资产 原　　价 （万元）
52.37	**753 793.16**	**40 533.20**	**2 779 261.47**
52.45	228 446.38	7 427.05	546 431.44
54.85	32 609.54	1 107.25	56 484.54
49.38	16 417.74	415.31	36 973.18
58.24	884.42	47.56	5 171.54
60.05	1 359.08	47.69	1 215.73
51.22	1 211.90	13 045.70	54 461.60
63.68	1 745.90	42.30	5 595.30
53.01	17 423.33	641.79	9 879.00
50.12	47 678.74	1 311.31	79 141.92
56.36	38 602.40	1 249.83	88 828.30
50.07	126 682.99	8 124.22	401 904.42
51.09	25 701.35	1 093.39	45 974.53
50.31	87 767.26	2 920.78	186 366.09
54.26	12 508.87	408.38	22 516.61
59.31	110 224.79	2 534.18	1 221 942.36
59.37	55.30	0.00	255.00
53.27	2 588.57	75.95	3 198.62
—	—	—	—
—	—	—	—
42.78	1 486.30	29.50	9 547.00
48.08	83.30	4.50	1 357.80
58.59	112.90	3.50	187.50
40.00	202.10	3.00	1 829.00

9-2 全国二星级饭店

地区	总计	国有企业	集体企业	股份合作企业	国有联营	集体联营	国有与集体联营	其他联营	国有独资公司	其他有限责任公司	股份有限公司	私营独资
总　计	**1 771**	**410**	**88**	**38**	**5**	**5**	**3**	**4**	**25**	**68**	**93**	**546**
北　京	77	0	0	0	0	0	0	0	0	0	0	0
天　津	6	4	1	0	0	0	0	0	0	0	0	1
河　北	45	24	4	1	0	0	0	0	0	3	1	8
山　西	26	13	0	0	0	0	0	0	0	3	3	4
内蒙古	59	9	2	2	0	0	0	0	0	2	3	24
辽　宁	64	17	6	0	1	0	0	0	1	5	5	11
吉　林	37	13	5	0	0	1	0	0	0	1	0	12
黑龙江	36	12	1	0	0	0	0	0	0	1	3	14
上　海	26	10	1	1	0	0	0	0	0	2	3	2
江　苏	69	6	4	0	0	0	0	0	21	0	6	28
浙　江	121	18	8	6	0	0	0	0	0	6	4	23
安　徽	40	10	4	1	0	0	0	0	0	1	6	11
福　建	15	8	1	0	0	0	0	0	1	1	0	3
江　西	21	9	0	1	0	0	0	0	0	0	3	1
山　东	68	14	6	5	0	0	0	1	0	4	9	17
河　南	65	25	9	2	0	0	0	0	0	2	6	7
湖　北	91	27	3	2	0	0	0	0	0	3	4	22
湖　南	113	18	2	6	0	0	0	0	0	0	5	49
广　东	66	15	3	1	1	1	0	1	2	5	1	11
广　西	85	18	4	1	0	1	0	0	0	7	4	31
海　南	5	0	0	0	0	0	0	0	0	1	1	1
重　庆	27	8	1	1	0	0	0	0	0	1	0	7
四　川	68	13	1	1	0	0	0	0	0	8	6	23
贵　州	76	17	0	0	1	0	0	0	0	4	3	32
云　南	239	32	14	3	0	2	0	2	0	1	8	138
西　藏	17	2	3	0	1	0	0	0	0	0	0	6
陕　西	50	22	1	2	0	0	0	0	0	4	2	4
甘　肃	72	27	1	2	0	0	3	0	0	1	4	20
青　海	24	2	1	0	0	0	0	0	0	0	0	15
宁　夏	6	0	0	0	0	0	0	0	0	1	0	4
新　疆	57	17	2	0	1	0	0	0	0	1	3	17

的注册登记类型

单位：家

私营合伙	私营有限责任公司	私营股份有限公司	其他	与港澳台商合资经营	与港澳台商合作经营	港澳台商独资	港澳台商投资股份有限公司	中外合资经营	中外合作经营	外资企业	外商投资股份有限公司
78	**260**	**35**	**105**	**1**	**2**	**0**	**0**	**1**	**1**	**2**	**1**
0	0	0	77	0	0	0	0	0	0	0	0
0	0	0	0	0	0	0	0	0	0	0	0
0	4	0	0	0	0	0	0	0	0	0	0
0	3	0	0	0	0	0	0	0	0	0	0
1	15	0	1	0	0	0	0	0	0	0	0
3	14	0	0	0	0	0	0	0	0	0	1
0	3	0	2	0	0	0	0	0	0	0	0
1	4	0	0	0	0	0	0	0	0	0	0
0	6	1	0	0	0	0	0	0	0	0	0
0	0	0	4	0	0	0	0	0	0	0	0
20	32	4	0	0	0	0	0	0	0	0	0
1	5	1	0	0	0	0	0	0	0	0	0
0	0	1	0	0	0	0	0	0	0	0	0
0	4	3	0	0	0	0	0	0	0	0	0
0	11	0	1	0	0	0	0	0	0	0	0
0	11	3	0	0	0	0	0	0	0	0	0
10	16	2	1	0	0	0	0	1	0	0	0
10	18	5	0	0	0	0	0	0	0	0	0
0	10	1	13	0	1	0	0	0	0	0	0
8	10	1	0	0	0	0	0	0	0	0	0
0	0	0	0	0	1	0	0	0	0	1	0
3	3	3	0	0	0	0	0	0	0	0	0
3	10	2	1	0	0	0	0	0	0	0	0
3	14	2	0	0	0	0	0	0	0	0	0
9	23	2	2	1	0	0	0	0	1	1	0
1	4	0	0	0	0	0	0	0	0	0	0
2	8	2	3	0	0	0	0	0	0	0	0
0	13	1	0	0	0	0	0	0	0	0	0
0	6	0	0	0	0	0	0	0	0	0	0
0	1	0	0	0	0	0	0	0	0	0	0
3	12	1	0	0	0	0	0	0	0	0	0

9–3 全国二星级

地 区	饭店数（家）	客房数（间/套）	床位数（张）
总 计	**1 771**	**123 760**	**252 163**
北 京	77	10 223	20 893
天 津	6	644	1 267
河 北	45	3 383	6 922
山 西	26	1 751	3 281
内蒙古	59	3 755	7 299
辽 宁	64	4 667	9 913
吉 林	37	2 241	4 294
黑龙江	36	2 343	4 487
上 海	26	2 330	3 903
江 苏	69	4 021	7 341
浙 江	121	8 656	17 590
安 徽	40	2 797	5 020
福 建	15	1 099	1 811
江 西	21	1 460	2 680
山 东	68	4 445	11 016
河 南	65	4 810	10 531
湖 北	91	6 446	10 867
湖 南	113	7 006	12 203
广 东	66	4 639	10 829
广 西	85	6 202	15 350
海 南	5	354	635
重 庆	27	2 127	4 634
四 川	68	5 030	8 859
贵 州	76	3 884	9 288
云 南	239	14 773	30 761
西 藏	17	893	1 721
陕 西	50	3 612	6 939
甘 肃	72	4 408	9 675
青 海	24	981	3 547
宁 夏	6	380	543
新 疆	57	4 400	8 064

饭店地区分布

客房出租率（%）	营业收入（万元）	营业税金及附加（万元）	固定资产原价（万元）
52.37	**753 793.16**	**40 533.20**	**2 779 261.47**
59.45	98 545.60	2 263.90	91 783.70
57.56	12 694.81	165.94	6 452.57
42.77	16 100.19	519.74	33 936.75
44.70	7 653.68	218.83	31 478.32
48.70	21 331.18	635.65	80 371.58
49.01	20 712.34	593.31	73 998.59
38.09	8 470.81	309.40	28 391.60
34.01	5 651.58	131.72	24 347.90
69.52	23 672.42	579.50	36 281.05
56.95	39 735.55	1 795.71	30 618.75
48.48	62 452.30	1 502.20	90 760.44
45.42	19 070.58	692.06	59 774.25
55.66	13 210.15	555.46	13 857.08
49.83	7 390.37	249.90	7 004.17
55.14	30 816.04	774.75	67 371.74
50.88	38 421.69	1 248.21	68 523.37
53.58	28 746.61	967.13	68 945.24
61.20	35 915.82	4 732.24	104 914.21
54.51	40 556.85	1 282.49	1177 319.78
51.68	25 289.83	931.59	44 070.76
55.71	886.47	24.88	1 303.18
41.04	11 287.86	415.07	22 110.36
59.63	34 269.13	1 109.86	52 264.77
54.93	25 736.25	816.18	76 681.69
52.80	48 254.12	2 837.24	249 483.61
65.61	5 079.54	183.38	15 475.21
58.76	34 916.70	635.28	92 054.02
44.07	20 836.48	13 853.91	85 720.00
42.77	2 140.68	46.58	5 290.97
49.23	283.31	10.21	557.55
46.67	13 664.22	450.90	38 118.27

9-4 全国二星级饭店的营业收入总额

单位：万元

地 区	营业收入		
		#客房	#餐饮
总 计	**753 793.16**	**347 643.11**	**280 389.21**
北 京	98 545.60	54 785.60	25 481.60
天 津	12 694.81	2 690.48	1 178.82
河 北	16 100.19	4 695.18	9 264.70
山 西	7 653.68	3 485.78	3 726.10
内蒙古	21 331.18	7 876.30	11 593.75
辽 宁	20 712.34	10 738.54	6 494.44
吉 林	8 470.81	4 416.83	3 773.33
黑龙江	5 651.58	4 572.24	967.08
上 海	23 672.42	14 393.62	5 279.99
江 苏	39 735.55	13 704.68	21 387.09
浙 江	62 452.30	26 289.79	19 242.01
安 徽	19 070.58	6 362.92	10 672.98
福 建	13 210.15	4 508.37	8 268.91
江 西	7 390.37	3 986.67	3 018.70
山 东	30 816.04	11 987.89	15 752.14
河 南	38 421.69	10 483.26	11 982.31
湖 北	28 746.61	15 522.11	11 458.97
湖 南	35 915.82	18 915.03	13 919.47
广 东	40 556.85	18 607.81	8 573.22
广 西	25 289.83	13 477.43	8 474.18
海 南	886.47	714.79	130.90
重 庆	11 287.86	4 114.09	6 273.53
四 川	34 269.13	14 991.43	14 626.70
贵 州	25 736.25	15 079.50	7 470.23
云 南	48 254.12	28 302.75	13 182.34
西 藏	5 079.54	2 962.61	800.35
陕 西	34 916.70	10 141.83	21 712.55
甘 肃	20 836.48	9 963.46	10 473.89
青 海	2 140.68	1 548.90	487.38
宁 夏	283.31	260.41	22.90
新 疆	13 664.22	8 062.84	4 698.64

9-5 全国二星级饭店的营业收入构成

地　区	营业收入（万元）	#客房（%）	#餐饮（%）
总　计	**753 793.16**	**46.12**	**37.20**
北　京	98 545.60	55.59	25.86
天　津	12 694.81	21.19	9.29
河　北	16 100.19	29.16	57.54
山　西	7 653.68	45.54	48.68
内蒙古	21 331.18	36.92	54.35
辽　宁	20 712.34	51.85	31.36
吉　林	8 470.81	52.14	44.55
黑龙江	5 651.58	80.90	17.11
上　海	23 672.42	60.80	22.30
江　苏	39 735.55	34.49	53.82
浙　江	62 452.30	42.10	30.81
安　徽	19 070.58	33.37	55.97
福　建	13 210.15	34.13	62.60
江　西	7 390.37	53.94	40.85
山　东	30 816.04	38.90	51.12
河　南	38 421.69	27.28	31.19
湖　北	28 746.61	54.00	39.86
湖　南	35 915.82	52.66	38.76
广　东	40 556.85	45.88	21.14
广　西	25 289.83	53.29	33.51
海　南	886.47	80.63	14.77
重　庆	11 287.86	36.45	55.58
四　川	34 269.13	43.75	42.68
贵　州	25 736.25	58.59	29.03
云　南	48 254.12	58.65	27.32
西　藏	5 079.54	58.32	15.76
陕　西	34 916.70	29.05	62.18
甘　肃	20 836.48	47.82	50.27
青　海	2 140.68	72.36	22.77
宁　夏	283.31	91.92	8.08
新　疆	13 664.22	59.01	34.39

9–6 全国二星级饭店每间客房的收益

地 区	饭店数（家）	饭店规模		客 房出租率（%）	每间客房年 收 入（万元）
		客房数（间/套）	床位数（张）		
总 计	**1 771**	**123 760**	**252 163**	**52.37**	**6.09**
北 京	77	10 223	20 893	59.45	9.64
天 津	6	644	1 267	57.56	19.71
河 北	45	3 383	6 922	42.77	4.76
山 西	26	1 751	3 281	44.70	4.37
内蒙古	59	3 755	7 299	48.70	5.68
辽 宁	64	4 667	9 913	49.01	4.44
吉 林	37	2 241	4 294	38.09	3.78
黑龙江	36	2 343	4 487	34.01	2.41
上 海	26	2 330	3 903	69.52	10.16
江 苏	69	4 021	7 341	56.95	9.88
浙 江	121	8 656	17 590	48.48	7.21
安 徽	40	2 797	5 020	45.42	6.82
福 建	15	1 099	1 811	55.66	12.02
江 西	21	1 460	2 680	49.83	5.06
山 东	68	4 445	11 016	55.14	6.93
河 南	65	4 810	10 531	50.88	7.99
湖 北	91	6 446	10 867	53.58	4.46
湖 南	113	7 006	12 203	61.20	5.13
广 东	66	4 639	10 829	54.51	8.74
广 西	85	6 202	15 350	51.68	4.08
海 南	5	354	635	55.71	2.50
重 庆	27	2 127	4 634	41.04	5.31
四 川	68	5 030	8 859	59.63	6.81
贵 州	76	3 884	9 288	54.93	6.63
云 南	239	14 773	30 761	52.80	3.27
西 藏	17	893	1 721	65.61	5.69
陕 西	50	3 612	6 939	58.76	9.67
甘 肃	72	4 408	9 675	44.07	4.73
青 海	24	981	3 547	42.77	2.18
宁 夏	6	380	543	49.23	0.75
新 疆	57	4 400	8 064	46.67	3.11

9-7　全国二星级饭店的人均效益

地　区	全员劳动生产率（万元/人）	人均实现利润（万元/人）	人均占用固定资产原价（万元/人）	年末从业人员（人）
总　计	**11.76**	**0.25**	**43.36**	**64 104**
北　京	21.34	1.72	19.88	4 618
天　津	46.00	-0.39	23.38	276
河　北	8.23	-0.30	17.34	1 957
山　西	5.96	-1.04	24.52	1 284
内蒙古	8.51	0.14	32.06	2 507
辽　宁	9.10	-0.49	32.51	2 276
吉　林	7.04	-1.90	23.60	1 203
黑龙江	6.63	-1.27	28.58	852
上　海	21.02	2.55	32.22	1 126
江　苏	17.00	0.72	13.10	2 337
浙　江	14.88	-0.25	21.62	4 198
安　徽	9.76	0.42	30.61	1 953
福　建	16.96	-0.51	17.79	779
江　西	12.04	3.23	11.41	614
山　东	10.43	-0.18	22.81	2 954
河　南	14.59	-1.13	26.02	2 633
湖　北	9.04	-0.30	21.69	3 179
湖　南	9.42	0.58	27.51	3 813
广　东	15.37	2.89	446.29	2 638
广　西	10.01	0.01	17.44	2 527
海　南	8.78	-1.46	12.90	101
重　庆	11.72	0.31	22.96	963
四　川	11.46	1.09	17.48	2 990
贵　州	12.19	0.91	36.31	2 112
云　南	7.51	-0.09	38.85	6 422
西　藏	11.92	1.49	36.33	426
陕　西	11.34	0.06	29.89	3 080
甘　肃	7.97	-0.36	32.78	2 615
青　海	7.78	-1.04	19.24	275
宁　夏	2.44	-0.13	4.81	116
新　疆	10.68	-1.07	29.78	1 280

十、全国一星级饭店综合资料

10-1 全国一星级饭店

饭店注册登记类型	饭店数（家）	客房数（间/套）	床位数（张）
合　计	**71**	**3 144**	**9 202**
国有企业	15	769	3 383
集体企业	3	137	276
股份合作企业	0	—	—
国有联营	0	—	—
集体联营	0	—	—
国有与集体联营	0	—	—
其他联营	0	—	—
国有独资公司	1	65	125
其他有限责任公司	0	—	—
股份有限公司	2	95	141
私营独资	36	1 336	2 342
私营合伙	6	266	719
私营有限责任公司	6	338	1 998
私营股份有限公司	0	—	—
其他	1	66	134
与港澳台商合资经营	0	—	—
与港澳台商合作经营	0	—	—
港澳台商独资	0	—	—
港澳台商投资股份有限公司	0	—	—
中外合资经营	1	72	84
中外合作经营	0	—	—
外资企业	0	—	—
外商投资股份有限公司	0	—	—

综合情况

客　房 出租率 （%）	营业收入 （万元）	营业税金 及 附 加 （万元）	固定资产 原　　价 （万元）
52.18	**11 575.82**	**3 393.48**	**2 4 147.19**
50.23	3 898.93	127.34	5 772.82
51.81	820.40	12.90	2 545.50
—	—	—	—
—	—	—	—
—	—	—	—
—	—	—	—
—	—	—	—
8.42	119.47	0.32	9.02
—	—	—	—
83.42	1 038.00	20.60	687.50
51.98	3 338.55	2 122.66	8 448.00
62.84	574.22	1 029.74	958.80
49.81	1 256.65	71.82	1 825.86
—	—	—	—
21.61	199.80	1.30	0.00
—	—	—	—
—	—	—	—
—	—	—	—
—	—	—	—
65.00	330.00	7.00	3 900.00
—	—	—	—
—	—	—	—
—	—	—	—

10-2 全国一星级饭店

地　区	总计	国有企业	集体企业	股份合作企业	国有联营	集体联营	国有与集体联营	其他联营	国有独资公司	其他有限责任公司	股份有限公司	私营独资
总　计	**71**	**15**	**3**	**0**	**0**	**0**	**0**	**0**	**1**	**0**	**2**	**36**
北　京	1	0	0	0	0	0	0	0	0	0	0	0
天　津	0	0	0	0	0	0	0	0	0	0	0	0
河　北	2	2	0	0	0	0	0	0	0	0	0	0
山　西	0	0	0	0	0	0	0	0	0	0	0	0
内蒙古	0	0	0	0	0	0	0	0	0	0	0	0
辽　宁	2	0	0	0	0	0	0	0	0	0	0	1
吉　林	0	0	0	0	0	0	0	0	0	0	0	0
黑龙江	1	0	0	0	0	0	0	0	0	0	0	0
上　海	1	0	0	0	0	0	0	0	0	0	0	0
江　苏	0	0	0	0	0	0	0	0	0	0	0	0
浙　江	5	0	0	0	0	0	0	0	1	0	1	0
安　徽	1	1	0	0	0	0	0	0	0	0	0	0
福　建	1	1	0	0	0	0	0	0	0	0	0	0
江　西	0	0	0	0	0	0	0	0	0	0	0	0
山　东	0	0	0	0	0	0	0	0	0	0	0	0
河　南	3	0	0	0	0	0	0	0	0	0	0	3
湖　北	5	3	0	0	0	0	0	0	0	0	0	1
湖　南	2	0	0	0	0	0	0	0	0	0	0	1
广　东	2	1	0	0	0	0	0	0	0	0	0	1
广　西	0	0	0	0	0	0	0	0	0	0	0	0
海　南	3	1	0	0	0	0	0	0	0	0	1	1
重　庆	0	0	0	0	0	0	0	0	0	0	0	0
四　川	2	0	0	0	0	0	0	0	0	0	0	2
贵　州	13	2	0	0	0	0	0	0	0	0	0	8
云　南	22	3	2	0	0	0	0	0	0	0	0	17
西　藏	2	0	0	0	0	0	0	0	0	0	0	1
陕　西	0	0	0	0	0	0	0	0	0	0	0	0
甘　肃	3	1	1	0	0	0	0	0	0	0	0	0
青　海	0	0	0	0	0	0	0	0	0	0	0	0
宁　夏	0	0	0	0	0	0	0	0	0	0	0	0
新　疆	0	0	0	0	0	0	0	0	0	0	0	0

的注册登记类型

单位：家

私营合伙	私营有限责任公司	私营股份有限公司	其他	与港澳台商合资经营	与港澳台商合作经营	港澳台商独资	港澳台商投资股份有限公司	中外合资经营	中外合作经营	外资企业	外商投资股份有限公司
6	**6**	**0**	**1**	**0**	**0**	**0**	**0**	**1**	**0**	**0**	**0**
0	0	0	1	0	0	0	0	0	0	0	0
0	0	0	0	0	0	0	0	0	0	0	0
0	0	0	0	0	0	0	0	0	0	0	0
0	0	0	0	0	0	0	0	0	0	0	0
0	0	0	0	0	0	0	0	0	0	0	0
0	0	0	0	0	0	0	0	1	0	0	0
0	0	0	0	0	0	0	0	0	0	0	0
0	1	0	0	0	0	0	0	0	0	0	0
0	1	0	0	0	0	0	0	0	0	0	0
0	0	0	0	0	0	0	0	0	0	0	0
1	2	0	0	0	0	0	0	0	0	0	0
0	0	0	0	0	0	0	0	0	0	0	0
0	0	0	0	0	0	0	0	0	0	0	0
0	0	0	0	0	0	0	0	0	0	0	0
0	0	0	0	0	0	0	0	0	0	0	0
0	0	0	0	0	0	0	0	0	0	0	0
1	0	0	0	0	0	0	0	0	0	0	0
0	1	0	0	0	0	0	0	0	0	0	0
0	0	0	0	0	0	0	0	0	0	0	0
0	0	0	0	0	0	0	0	0	0	0	0
0	0	0	0	0	0	0	0	0	0	0	0
0	0	0	0	0	0	0	0	0	0	0	0
0	0	0	0	0	0	0	0	0	0	0	0
2	1	0	0	0	0	0	0	0	0	0	0
0	0	0	0	0	0	0	0	0	0	0	0
1	0	0	0	0	0	0	0	0	0	0	0
0	0	0	0	0	0	0	0	0	0	0	0
1	0	0	0	0	0	0	0	0	0	0	0
0	0	0	0	0	0	0	0	0	0	0	0
0	0	0	0	0	0	0	0	0	0	0	0
0	0	0	0	0	0	0	0	0	0	0	0

10-3 全国一星级

地　区	饭店数（家）	客房数（间/套）	床位数（张）
总　计	**71**	**3 144**	**9 202**
北　京	1	66	134
天　津	0	—	—
河　北	2	171	326
山　西	0	—	—
内蒙古	0	—	—
辽　宁	2	84	108
吉　林	0	—	—
黑龙江	1	62	104
上　海	1	48	97
江　苏	0	—	—
浙　江	5	236	447
安　徽	1	32	62
福　建	1	28	54
江　西	0	—	—
山　东	0	—	—
河　南	3	62	122
湖　北	5	294	518
湖　南	2	134	232
广　东	2	146	272
广　西	0	—	—
海　南	3	186	300
重　庆	0	—	—
四　川	2	99	177
贵　州	13	500	4 131
云　南	22	744	1 427
西　藏	2	127	452
陕　西	0	—	—
甘　肃	3	125	239
青　海	0	—	—
宁　夏	0	—	—
新　疆	0	—	—

饭店地区分布

客　房 出租率 （%）	营业收入 （万元）	营业税金 及附加 （万元）	固定资产 原　价 （万元）
52.18	**11 575.82**	**3 393.48**	**24 147.19**
21.61	199.80	1.30	0.00
—	—	—	—
51.10	1 159.50	52.60	776.70
—	—	—	—
—	—	—	—
56.55	379.80	16.80	4 199.70
—	—	—	—
64.55	238.90	5.40	430.40
46.15	323.65	13.41	248.76
—	—	—	—
33.87	1 501.27	44.05	972.22
60.88	51.86	1.74	236.32
42.73	1 330.50	76.90	425.50
—	—	—	—
—	—	—	—
46.78	97.20	11.10	436.10
65.69	1 472.27	3.20	2482.00
76.58	731.20	76.21	1463.00
42.27	500.25	−1.20	1670.70
—	—	—	—
48.39	300.50	1 577.09	1 172.20
—	—	—	—
34.32	560.02	19.43	928.60
46.86	751.53	55.55	2 224.50
50.57	1 491.34	166.10	4 784.90
74.43	54.20	1 272.00	95.00
—	—	—	—
76.53	432.03	1.80	1 600.60
—	—	—	—
—	—	—	—
—	—	—	—

10-4 全国一星级饭店的营业收入总额

单位：万元

地　区	营业收入		
		#客房	#餐饮
总　计	**11 575.82**	**5 702.12**	**5 190.63**
北　京	199.80	64.60	133.40
天　津	—	—	—
河　北	1 159.50	329.40	772.30
山　西	—	—	—
内蒙古	—	—	—
辽　宁	379.80	322.90	56.90
吉　林	—	—	—
黑龙江	238.90	117.60	121.30
上　海	323.65	101.69	221.96
江　苏	—	—	—
浙　江	1 501.27	380.67	986.67
安　徽	51.86	49.92	0.00
福　建	1 330.50	54.70	1 275.80
江　西	—	—	—
山　东	—	—	—
河　南	97.20	86.40	2.00
湖　北	1 472.27	896.85	525.22
湖　南	731.20	478.91	243.13
广　东	500.25	113.35	386.90
广　西	—	—	—
海　南	300.50	300.50	0.00
重　庆	—	—	—
四　川	560.02	101.17	52.00
贵　州	751.53	750.33	0.00
云　南	1 491.34	1 070.90	412.04
西　藏	54.20	50.20	1.00
陕　西	—	—	—
甘　肃	432.03	432.03	0.00
青　海	—	—	—
宁　夏	—	—	—
新　疆	—	—	—

10–5　全国一星级饭店的营业收入构成

地　区	营业收入（万元）	#客房（%）	#餐饮（%）
总　计	**11 575.82**	**49.26**	**44.84**
北　京	199.80	32.33	66.77
天　津	—	—	—
河　北	1 159.50	28.41	66.61
山　西	—	—	—
内蒙古	—	—	—
辽　宁	379.80	85.02	14.98
吉　林	—	—	—
黑龙江	238.90	49.23	50.77
上　海	323.65	31.42	68.58
江　苏	—	—	—
浙　江	1 501.27	25.36	65.72
安　徽	51.86	96.26	0.00
福　建	1 330.50	4.11	95.89
江　西	—	—	—
山　东	—	—	—
河　南	97.20	88.89	2.06
湖　北	1 472.27	60.92	35.67
湖　南	731.20	65.50	33.25
广　东	500.25	22.66	77.34
广　西	—	—	—
海　南	300.50	100.00	0.00
重　庆	—	—	—
四　川	560.02	18.07	9.29
贵　州	751.53	99.84	0.00
云　南	1 491.34	71.81	27.63
西　藏	54.20	92.62	1.85
陕　西	—	—	—
甘　肃	432.03	100.00	0.00
青　海	—	—	—
宁　夏	—	—	—
新　疆	—	—	—

10-6 全国一星级饭店每间客房的收益

地区	饭店数（家）	饭店规模		客房出租率（%）	每间客房年收入（万元）
		客房数（间/套）	床位数（张）		
总计	**71**	**3 144**	**9 202**	**52.18**	**3.68**
北京	1	66	134	21.61	3.03
天津	0	—	—	—	—
河北	2	171	326	51.10	6.78
山西	0	—	—	—	—
内蒙古	0	—	—	—	—
辽宁	2	84	108	56.55	4.52
吉林	0	—	—	—	—
黑龙江	1	62	104	64.55	3.85
上海	1	48	97	46.15	6.74
江苏	0	—	—	—	—
浙江	5	236	447	33.87	6.36
安徽	1	32	62	60.88	1.62
福建	1	28	54	42.73	47.52
江西	0	—	—	—	—
山东	0	—	—	—	—
河南	3	62	122	46.78	1.57
湖北	5	294	518	65.69	5.01
湖南	2	134	232	76.58	5.46
广东	2	146	272	42.27	3.43
广西	0	—	—	—	—
海南	3	186	300	48.39	1.62
重庆	0	—	—	—	—
四川	2	99	177	34.32	5.66
贵州	13	500	4 131	46.86	1.50
云南	22	744	1 427	50.57	2.00
西藏	2	127	452	74.43	0.43
陕西	0	—	—	—	—
甘肃	3	125	239	76.53	3.46
青海	0	—	—	—	—
宁夏	0	—	—	—	—
新疆	0	—	—	—	—

10-7　全国一星级饭店的人均效益

地　区	全员劳动生产率（万元/人）	人均实现利润（万元/人）	人均占用固定资产原价（万元/人）	年末从业人员（人）
总　计	**10.12**	**1.46**	**21.11**	**1 144**
北　京	9.99	3.92	0.00	20
天　津	—	—	—	—
河　北	8.22	0.47	5.51	141
山　西	—	—	—	—
内蒙古	—	—	—	—
辽　宁	10.55	-4.41	116.66	36
吉　林	—	—	—	—
黑龙江	7.47	0.00	13.45	32
上　海	20.23	-5.64	15.55	16
江　苏	—	—	—	—
浙　江	11.29	-0.62	7.31	133
安　徽	6.48	-1.38	29.54	8
福　建	33.26	0.85	10.64	40
江　西	—	—	—	—
山　东	—	—	—	—
河　南	3.89	1.56	17.44	25
湖　北	18.18	0.53	30.64	81
湖　南	9.88	1.89	19.77	74
广　东	4.59	12.90	15.33	109
广　西	—	—	—	—
海　南	5.09	0.00	19.87	59
重　庆	—	—	—	—
四　川	12.17	2.12	20.19	46
贵　州	7.30	1.18	21.60	103
云　南	7.35	-0.19	23.57	203
西　藏	—	—	—	0
陕　西	—	—	—	—
甘　肃	24.00	0.23	88.92	18
青　海	—	—	—	—
宁　夏	—	—	—	—
新　疆	—	—	—	—

责任编辑：王　军
责任印制：冯冬青

图书在版编目（CIP）数据

中国旅游统计年鉴：副本. 2017 / 中华人民共和国国家旅游局编. -- 北京：中国旅游出版社, 2017.12
ISBN 978-7-5032-5954-8

Ⅰ. ①中…　Ⅱ. ①中…　Ⅲ. ①旅游业－统计资料－中国－2017－年鉴　Ⅳ. ①F592-66

中国版本图书馆CIP数据核字（2017）第313364号

书　　名：中国旅游统计年鉴（副本）2017
作　　者：中华人民共和国国家旅游局编
出版发行：中国旅游出版社
（北京建国门内大街甲9号　邮编：100005）
http://www.cttp.net.cn　E-mail:cttp@cnta.gov.cn
营销中心电话：010-85166503
排　　版：北京中文天地文化艺术有限公司
印　　刷：北京工商事务印刷有限公司
版　　次：2017年12月第1版　2017年12月第1次印刷
开　　本：787毫米×1092毫米　1/16
印　　张：11
字　　数：200千
定　　价：120.00元
I S B N　978-7-5032-5954-8